Sprache und Lesen

3

Arbeitsheft
Lesen

Erarbeitet von

Marion Gutzmann

Irene Hoppe

und

der Cornelsen Redaktion

Primarstufe

Cornelsen

Sprache und Lesen

3

Arbeitsheft

Lesen

Erarbeitet von

Marion Gutzmann, Irene Hoppe und der Cornelsen Redaktion Primarstufe

Begutachtung

Stephanie Aschenbrandt, Yurdakul Çakır-Dikkaya

Redaktion

Sabine Gerber

Bildredaktion

Janin Hacker

Illustration

Julia Dürr, Sebastian Koch (Leo und Lina)
(vgl. auch das Bildquellenverzeichnis)

Umschlaggestaltung

Katharina Wolff-Steininger und Rosendahl Grafikdesign Berlin

Umschlagillustration

Alexandra Prosen

Layoutkonzeption

Rosendahl Grafikdesign Berlin

Layout und technische Umsetzung

Kati Klaeske, Berlin

www.cornelsen.de

1. Auflage, 5. Druck 2022

Alle Drucke dieser Auflage sind inhaltlich unverändert
und können im Unterricht nebeneinander verwendet werden.

© 2013 Cornelsen Schulverlage GmbH, Berlin
© 2018 Cornelsen Verlag GmbH, Berlin

Aus didaktischen Gründen wurden die Texte gekürzt.

Druck: Athesiadruck GmbH

ISBN 978-3-06-082819-7

Inhaltsverzeichnis

1. Orientiere dich:
   – Lies die Überschrift(en) und schau dir die Bilder an.
   – Lies zuerst den Anfang, lies dann einige Sätze in der Mitte und lies danach das Ende des Textes.
2. Denke nach:
   – Worum könnte es im Text gehen?
   – Was weißt du schon darüber?

① Ich denke, im Text geht es um

.

② Das weiß ich schon über Pippi Langstrumpf:

.

Pippi will auch Ferien

„In vier Monaten ist Weihnachten, und da kriegt ihr Weihnachtsferien. Aber ich, was krieg ich?" Pippis Stimme klang traurig. „Keine Weihnachts-
5 ferien, nicht das allerkleinste bisschen Weihnachtsferien", sagte sie klagend. „Das muss anders werden. Morgen gehe ich in die Schule." Tommy und Annika klatschten
10 vor Begeisterung in die Hände. „Hurra! Dann warten wir um acht Uhr vor unserer Tür auf dich." „Nee, nee", sagte Pippi, „so früh kann ich nicht. Und übrigens reite ich zur Schule."
15 Und das tat sie.

Pünktlich um zehn Uhr am nächsten Tag hob sie ihr Pferd von der Veranda, und eine Weile später stürzten alle Leute in der kleinen Stadt an die Fenster,
20 um zu sehen, was für ein Pferd da durchgegangen war.
Das heißt, sie glaubten, dass es durch-gegangen wäre. Aber das war es nicht. Es war nur Pippi, die es etwas eilig hatte,
25 in die Schule zu kommen.

Bildungsstandard:
Texte erschließen/Verfahren zur ersten
Orientierung über einen Text nutzen

Schritte des Lesetrainings mit der gesamten
Lerngruppe bzw. in kleineren Gruppen
einführen
1. Vermutungen zum Textinhalt formulieren
2. Vorwissen aktivieren

► zu BB Unsere Schule – meine Klasse

In rasendem Galopp sprengte sie auf den Schulhof, sprang mitten im Galopp vom Pferd, band es an einen Baum und riss die Tür zum Klassenzimmer mit
30 einem Ruck auf, sodass Tommy und Annika und ihre netten Klassen- kameraden in ihren Bänken aufsprangen.

„Hallihallo", grölte Pippi und schwenkte
35 ihren großen Hut. „Komme ich gerade richtig zur Plutimikation?" Tommy und Annika hatten ihrer Lehrerin erzählt,

dass ein neues Mädchen kommen würde, das Pippi Langstrumpf hieß.
40 Und die Lehrerin hatte in der Stadt schon von Pippi reden hören. Und da sie eine sehr liebe und nette Lehrerin war, hatte sie beschlossen, alles zu tun, damit es Pippi in der Schule gefiel.
45 Pippi warf sich auf eine leere Bank, ohne dass sie jemand dazu aufgefordert hatte. Aber die Lehrerin kümmerte sich nicht um ihre lässige Art. Sie sagte nur ganz freundlich:
50 „Willkommen in der Schule, kleine Pippi. Ich hoffe, dass es dir gefällt und dass du recht viel lernst."
„Ja, und ich hoffe, dass ich Weihnachts- ferien krieg", sagte Pippi. „Deshalb bin
55 ich hergekommen. Gerechtigkeit vor allem!"

Astrid Lindgren

● **der** Galopp: schnelle Gangart von Pferden

sprengen: wild reiten

grölen: laut rufen

● **die** Plutimikation: Pippi verwechselt das Wort mit Multiplikation (Malnehmen)

lässig: locker, entspannt

---

③ Überprüfe deine Vermutung. Tausche dich mit einem Partnerkind aus.

④ Woher kennst du Pippi Langstrumpf? Kreise ein.

Ich kannte Pippi noch nicht.

Theater

Computerspiel

Spielfilm (mit Menschen)

Internet

Zeichentrickfilm

Buch   Hörbuch

⑤ Im letzten Abschnitt sagt Pippi: „Gerechtigkeit vor allem!" Was meint sie damit? Sprich mit einem Partnerkind darüber.

▶ zu BB Unsere Schule – meine Klasse

3. Überprüfen der Vermutung, Austausch mit einem Partnerkind
4. Auswahl von Medien, in denen die Figur den Kindern ggf. bereits begegnet ist

5. Austausch zum Textinhalt mit einem Partnerkind

5

① Streiche die Silbe durch, die nicht in das Wort gehört.
Schreibe das Wort auf.

○ Stun den ken plä ne

● Mu kuh sik un ter richt

● Früh stücks zim pau se

○ Pau sen re fan geln

● Klas sen bau zim mer

② Lies die Zungenbrecher ohne Fehler und
so schnell wie möglich. Stoppe die Zeit.

Dreiunddreißig Drittklässler
aus Drillingsburg
drohen dreizehn Drachen.

Zweiundzwanzig Zwickauer Zwerge
zwicken in der zweiten Hofpause
zwölf Zweitklässler aus Zweibrücken.

Hundert Hunde humpeln hungrig
in die Husumer Hundeschule.

Ich habe _____ Sekunden gebraucht.

③ Welche Satzteile passen zusammen? Ordne zu.

Frau Bach fährt

Momo kommt

Timo holt

Der Hausmeister schließt

Natalia wohnt

Janek zu Hause ab.

das Schultor auf.

gleich neben der Schule.

mit dem Motorrad zur Schule.

manchmal zu spät.

④ Lies den Witz gemeinsam mit Partnerkindern.
 Ihr könnt den Witz auch spielen.

Herr Meier sagt ganz traurig: „Ich habe im Lotto
schon wieder keine einzige Zahl richtig."
Darauf antwortet sein Sohn: „Sei nicht traurig, Papa.
Mir ging es heute beim Mathetest genauso."

⑤ Ergänze die fehlenden Buchstaben im Gedicht.
Trage dann das Gedicht einem Partnerkind vor.

Kennst du den wunderbaren Geruch?

Kennst du den wunderbaren ____eruch,

den Duft der Wörter im Wörter____uch?

Rose zum Beispiel oder Va____ille,

Flieder u____d Veilchen oder Kamille,

Schnittlauch, Basilikum, Terpentin,

Thymian, K____ffee und Rosmarin.

Leb____uchen oder ____akao und Schinken,

aber es gibt auch Wörter, die stin____en.

Frantz Wittkamp

⑥ Lies die Knobelei genau.
 Überprüfe deine Lösung mit einem Partnerkind.

Wer sitzt neben Timmi: Ali, Max oder Pawel? Markiere den richtigen Namen.

Timmi sagt: „Der Junge, der neben mir sitzt, mag am liebsten Mathe. Er lacht ganz viel. Sein liebster Sport ist Fußball."

Max ist ganz lustig. Er liest am liebsten Fußballbücher. Rechnen mag er überhaupt nicht gerne.

Ali ist ein toller Schüler. Er liebt Mathe. Am Nachmittag geht er oft zum Judo.

Pawel ist meistens fröhlich. Er ist der beste Fußballer in der Klasse. Pawel kann die schwersten Matheaufgaben lösen.

① Lies die Überschriften und schau dir die Bilder an.
Lies zuerst den Anfang, lies dann einige Sätze in
der Mitte und lies danach das Ende des Textes.
Denke nach: Worum könnte es im Text gehen?
Was weißt du schon darüber? Schreibe auf.

Ich denke, im Text geht es um

.

Das weiß ich schon über das Thema:

Unterwegs zum Lernen

Deine Schule liegt wahrscheinlich nicht weit entfernt
von deinem Wohnhaus. Vielleicht fahren dich deine Eltern
manchmal sogar zum Unterricht. Viele Kinder in anderen Ländern
haben es nicht so leicht, zur Schule zu kommen.

Mit dem Bus

In Nordamerika fahren die meisten Kinder mit
Schulbussen zur Schule. Die Busse sind gelb und
haben Aufschriften in großen schwarzen Buchstaben.
So erkennen die Autofahrer schon von Weitem,
dass sie vorsichtig fahren und Acht geben müssen.

Zu Fuß

In vielen ärmeren Ländern gibt es keine Schulbusse.
Die Kinder müssen oft mehrere Kilometer zu Fuß
zur Schule und wieder zurück nach Hause laufen.
Das kann jeden Tag mehrere Stunden dauern.
Manche Kinder tragen sogar ihren Stuhl täglich
zur Schule. Sonst müssten sie auf dem Boden sitzen.

1. Vor dem Lesen des Textes: Verfahren zur
ersten Orientierung nutzen und Vorwissen
aktivieren

Vermutungen einzelner Kinder zum Textinhalt vortragen und gemeinsam darüber
nachdenken

▸ zu BB Unsere Schule – meine Klasse

Mit der Bahn

In Japan bringt man schon kleinen Kindern bei,
sehr selbstständig zu sein. Viele japanische Kinder
fahren deshalb schon im Alter von sechs Jahren
ganz allein mit der Bahn, der U-Bahn oder
mit dem Bus zur Schule.

Mit dem Boot

Wenn man auf einer kleinen Insel oder
an einem Fluss wohnt, ist es oft am leichtesten,
mit dem Boot zur Schule zu kommen.
Manche Kinder nehmen ihr eigenes Boot.
Andere warten am Ufer, bis sie abgeholt werden.

nach Stéphanie Ledu

② Überprüfe deine Vermutung.
    Tausche dich mit einem Partnerkind aus.

③ Woher wusstest du schon etwas über die Schulwege
   von Kindern in anderen Ländern? Kreise ein.

   Ich wusste noch nichts darüber.

   Zeitung/Zeitschrift   Internet

   Filme   Unterricht   Buch   Fernsehen

④ Welchen Abschnitt findest du am interessantesten?
   Rahme diesen Abschnitt ein. Begründe.

   Ich finde den Abschnitt so interessant, weil

   .

⑤ Warum ist es wichtig, dass Autofahrer schon
   von Weitem einen Schulbus erkennen?
   Erkläre es einem Partnerkind.

▶ zu BB Unsere Schule – meine Klasse   2. und 3. Überprüfen der angestellten Ver-   5. Informationen entnehmen und vermutungen und Einordnen des Vorwissens   stehen
4. Lieblingsabschnitt auswählen: einrah-
men; Auswahl schriftlich begründen

9

1. Lies die Aufgabe.
   Nach welcher Information musst du suchen?

2. An welcher Stelle im Text
   könntest du die Information finden?
   Orientiere dich an Bildern, Überschriften und
   wichtigen Wörtern.

3. Lies die Textstelle genau.
   Löse die Aufgabe.

Die Heimlichtuer

Ole geht auf den Schulhof.
In der Ecke stehen Tim und Mark, seine beiden Freunde.
Sie reden miteinander und lachen.

Als Ole näher kommt, sagt Tim: „Pscht!"
5 „Warum habt ihr gelacht?", will Ole wissen.
„Wir haben gar nicht gelacht", behauptet Mark.
Und dann prusten die beiden wieder los.
Ole kommt sich blöd vor.

Nach der Schule fragt Ole, ob sie heute alle zusammen
10 Fußball spielen. Aber Tim und Mark haben keine Zeit.
Sie verraten nicht, warum. Und am nächsten Morgen
wird es noch schlimmer. In der Mathestunde
schreiben Mark und Tim heimlich Briefe!

„An meinem Geburtstag könnt ihr zu Hause bleiben",
15 sagt Ole wütend. Tim erschrickt. „Aber du hast uns
doch eingeladen!"
„Na und?", antwortet Ole. „Das gilt nicht mehr."

Oles Geburtstag ist sehr traurig.
Ganz alleine sitzt er vor dem Kuchen und
20 den Gummibärchen.

● der Heimlichtuer:
jemand, der etwas
vor anderen geheim
hält

behaupten:
etwas sagen,
was der andere
nicht glaubt

(los)prusten:
plötzlich anfangen
zu lachen

► zu BB Ich und du

10   Bildungsstandard:
     Texte erschließen/gezielt einzelne Informa-
     tionen suchen
     Schritte des Lesetrainings mit der gesam-
     ten Lerngruppe bzw. in kleineren Gruppen
     einführen

Da klingelt es an der Tür.
Ole macht auf.

„Überraschung!", rufen Mark und Tim.
Sie haben sich verkleidet und kommen einfach
25 ins Haus. Dann beginnt eine Theatervorstellung
nur für Ole.
Tim spielt einen dicken Mann, der dauernd auf
die Nase fällt. Und Mark spielt einen klugen Hund.
Der muss dem dicken Mann immer wieder aus
30 der Patsche helfen. So was Lustiges hat Ole noch nie
gesehen! Und es ist eine echte Überraschung, weil
Tim und Mark das Theaterstück ganz heimlich
einstudiert haben.   *Milena Baisch*

aus der Patsche helfen:
bei Schwierigkeiten
helfen

① Welche Überraschung hat Ole an seinem Geburtstag erlebt?

Danach muss ich im Text suchen:

Rahme den Abschnitt ein, in dem du die Information vermutest.
Was erlebt Ole? Schreibe auf.

② Welche Überschrift passt auch zum Text? Schreibe auf.

③ Wie fühlt sich Ole am Anfang der Geschichte? Kreise ein.

betrübt   fröhlich   traurig   wütend   glücklich

Wie fühlt sich Ole zum Schluss der Geschichte? Kreise ein.

betrübt   fröhlich   traurig   wütend   glücklich

▸ zu BB Ich und du   1. Lösung mit Hilfe von Textstellen bele-   3. Austausch über Lösung und darüber,
                            gen: einrahmen   woran die Kinder erkannt haben, wie die   11
                            2. Vorschläge untereinander vergleichen   Figur sich fühlt

① Welche Wörter passen?

Ole will seine Freunde zu einer

Geburtstags_____ einladen.

Die Geburtstags_____ bringen

Geschenke mit.

Auf dem Tisch steht eine große

Geburtstags_____ .

Ole pustet mit einem Mal alle neun

Geburtstags_____ aus.

Ein Wort passt nicht.

-kerzen

-torte

-party

-gäste

-spiele

② Wie oft kannst du das Wort Geburtstag lesen?
Unterstreiche die Wörter.

Kreuze an: ☐ 5 ☐ 6 ☐ 7

GEBURTGEGENBURTSGEGEBURTSTAGGAST
GEBURTSASTBURTSTAGSGESTGEBURTSTAG
GEBURTSTAGGASTGEBURTSTAGBURTSGAST
GASTGEBURTSTAGGASTGEBURTSTAGBARTS
ASTGASTBURTSTAGGEBURTASTGEBURTAST
GEBURTSGASTASTGEBURTSTAGBURTGAST

③ Wie alt ist das Geburtstagskind Mia?

Mia hat heute Geburtstag.

Mias kleine Schwester Mona ist fünf Jahre alt.

Mias großer Bruder ist doppelt so alt wie Mona.

Mia ist zwei Jahre jünger als ihr Bruder.

Mia ist _____ Jahre alt.

1. und 3. Übungen zum Aufstellen von
Hypothesen

2. Übung zur Segmentierung von Wörtern
in Wortteile

▸ zu BB Ich und du

4 Lies den Witz gemeinsam mit Partnerkindern.
Ihr könnt den Witz auch spielen.

Tim hat Geburtstag und der Vater gratuliert ihm: „Alles Liebe zum Geburtstag. Du darfst dir heute etwas wünschen!" „Ich wünsche mir einen großen Hund." „Wünsch dir etwas anderes."

„Okay, ich wünsche mir, dass wir einen Tag lang die Rollen tauschen." „Geht in Ordnung." „Gut, dann gehen wir los und kaufen für Tim einen großen Hund."

5 Welches Wort fehlt? Ergänze das richtige Wort.

Wo man Geschenke verstecken kann

Im Keller hinter Kartoffelkisten,

im Schreibtisch zwischen _____,

in alten verstaubten Bauerntruhen,

in ausgelatschten _____,

auf Wohnzimmerschränken, in Blumenvasen,

ja, selbst in Bäuchen von flauschigen _____,

in Einzelsocken, ohne Loch,

und eine Möglichkeit wäre _____,

das Geschenk unter die _____ zu legen.

Wanderschuhen

noch

Computerlisten

Matratze

Hasen

Regina Schwarz

6 Welche Satzteile passen zusammen? Ordne zu.

Dale, dale, dale
No pierdas el tino
Porque si lo pierdes
Pierdes el camino
Ya le diste una
Ya le diste dos
Ya le diste tres
Y tu tiempo se acabó

zweimal geschlagen

Schlag, schlag, schlag

dreimal geschlagen

einmal geschlagen

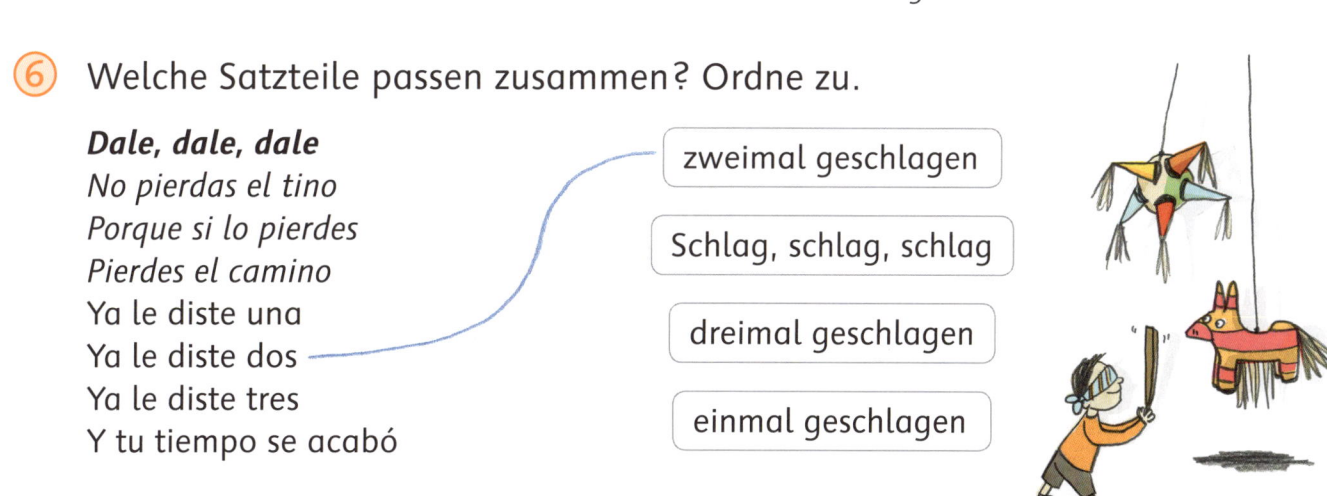

① Lies die Überschriften und schau dir die Bilder an.
Lies zuerst den Anfang, lies dann einige Sätze in
der Mitte und lies danach das Ende des Textes.
Denke nach: Worum könnte es im Text gehen?
Was weißt du schon darüber?

Einmal im Jahr steht der Geburtstag vor der Tür

In deiner Familie ist das Feiern des Geburtstages
vielleicht Tradition. Die Kerzen auf dem Geburtstagskuchen
sollen dem Geburtstagskind Glück bringen.
In anderen Familien wird vielleicht der Namenstag mehr
5 als der Geburtstag gefeiert. Weißt du, wie in anderen Ländern
Geburtstag oder Namenstag gefeiert wird?

Ein Tag der Freude

In Dänemark wird an jedem Geburtstag die Nationalflagge
aus dem Fenster gehängt. Wenn ein Kind Geburtstag hat,
werden nachts die Geschenke um sein Bett herum verteilt.
10 Das Kind soll die Geschenke schon beim Aufwachen sehen.
Der Geburtstag soll so ein Tag der Freude werden.

Überraschung im Kuchen

In Großbritannien ist es Tradition, kleine Geldstücke,
Glücksbringer, Schmuckstücke oder Süßes in
den Geburtstagskuchen einzubacken.
15 Diese Tradition stammt aus der Zeit der Ritter, aus dem
Mittelalter. Schon damals wurden symbolhafte Dinge im
Kuchen versteckt, die dem Geburtstagskind Glück und
Reichtum bringen sollten.

● **die** Tradition: ● **die** Nationalflagge: ● **das** Mittelalter:
Brauch, Gewohnheit   Flagge eines Landes   Zeit um 1500

Vor dem Lesen des Textes: Verfahren zur ersten Orientierung nutzen und Vorwissen aktivieren   1. Vermutungen einzelner Kinder zum Textinhalt vortragen und gemeinsam darüber nachdenken; Begriffserklärungen nutzen bzw. Begriffe klären   ▸ **zu** BB Ich und du

Eine Piñata mit Überraschungen

In Mexiko wird für das Geburtstagkind eine Piñata mit
20 Süßigkeiten und Geschenken gefüllt. Die Piñata ist
eine bunte Figur, die aus Pappmaschee gebastelt und
an der Decke oder an einem Baum aufgehängt wird.
Das Geburtstagskind schlägt so lange mit Stöcken auf
die Piñata ein, bis sie kaputtgeht. Wenn die Piñata
25 kaputt ist, freuen sich alle Kinder über die vielen
Süßigkeiten und kleinen Überraschungen.

② Wie erhalten Geburtstagskinder in Dänemark,
Mexiko und Großbritannien ihre Geschenke?
Unterstreiche die Informationen im Text.

③ Glücksbringer im Kuchen sind eine sehr alte Tradition.
In welcher Zeile steht das? Kreuze an.

☐ Zeile 5   ☐ Zeile 15   ☐ Zeile 26

④ In Mexiko wird an jedem Geburtstag
die Nationalflagge aus dem Fenster gehängt.
Stimmt das? Kreuze an.

☐ ja, das stimmt   ☐ nein, das stimmt nicht

Schreibe die Zeile auf, mit der du deine Entscheidung begründen
kannst. Die Begründung steht in der Zeile _____.

⑤ Welchen Abschnitt findest du am interessantesten?
Rahme diesen Abschnitt ein. Begründe.

⑥ Tausche dich mit einem Partnerkind darüber aus,
wie ihr in euren Familien Geburtstag feiert.

▶ zu BB Ich und du

2.–4. Lösungen mit Hilfe von Textstellen
belegen: unterstreichen, ankreuzen, Zeilen-
nummer angeben
5. Lieblingsabschnitt auswählen: einrah-
men; Auswahl schriftlich begründen

6. eigene Gedanken zum Text entwickeln
und sich mit einem Partnerkind austauschen

15

1. Überlege: Worüber informiert dieser Lageplan?

2. Erkläre: Was bedeuten die Zeichen?

3. Orientiere dich: Beschreibe einen Weg von deinem Standort zu einem (ausgewählten) Ziel.

Spielplätze im Stadtteil

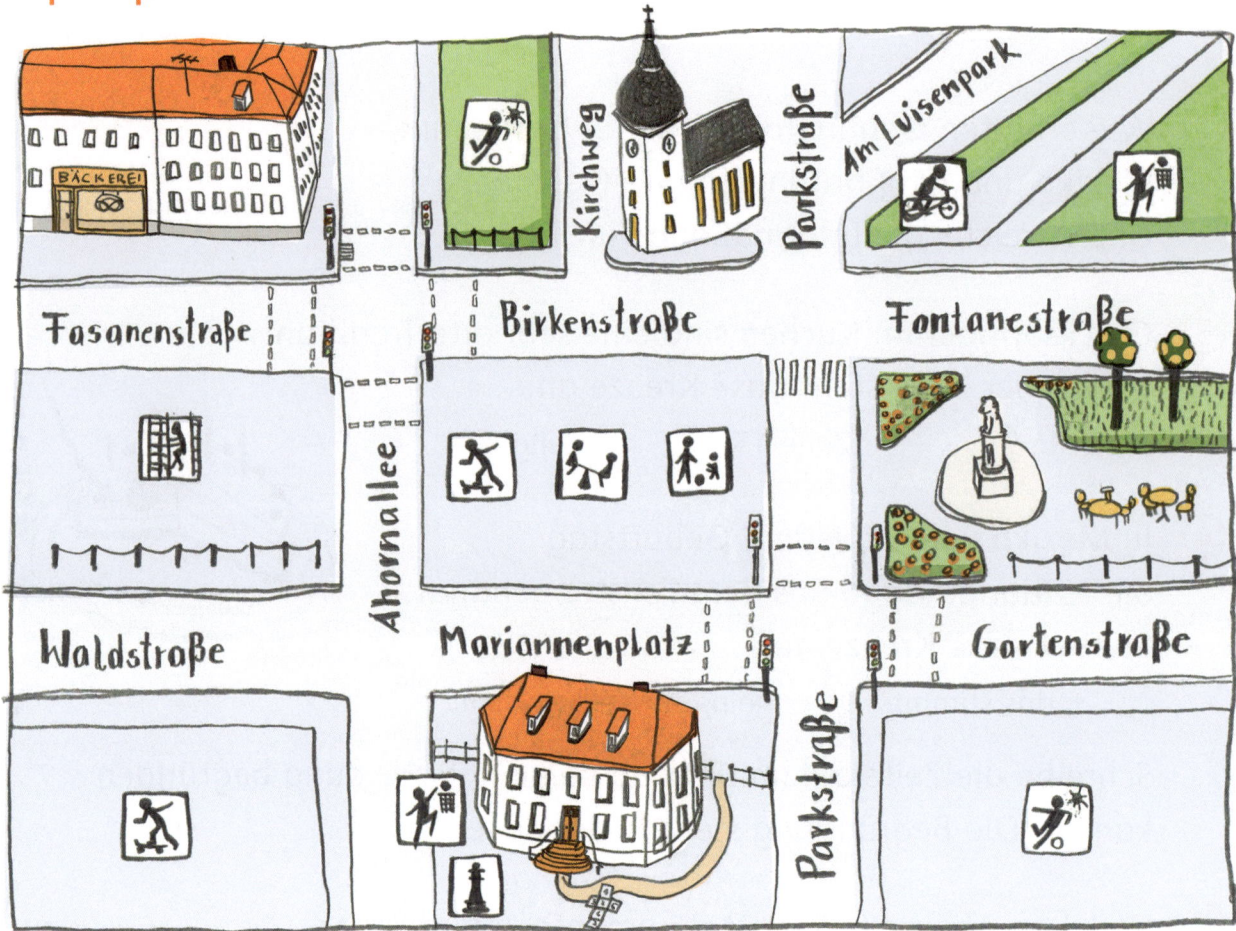

 Fußballplatz

 Skateplatz

 Kletterplatz

 Basketballplatz

 Fahrradparcours

 Schachspielplatz

 Spielplatz

 Spielplatz für Kleinkinder

● der Parcours (sprich: Parkur): Hindernisstrecke

Bildungsstandard:
Über Leseerfahrungen verfügen / Sach- und Gebrauchstexte kennen und verstehen

Schritte des Lesetrainings mit der gesamten Lerngruppe bzw. in kleineren Gruppen einführen

► zu BB Ich kenne mich aus

① Worüber informiert der Lageplan? Kreuze an.

Der Plan informiert über

☐ alle Schulen im Stadtteil.

☐ wichtige Gebäude im Stadtteil.

☐ alle Spielplätze im Stadtteil.

② Ergänze die Tabelle. Schreibe und zeichne.

Zeichen	Erklärung
	Schachspielplatz

③ Orientiere dich: Beschreibe einen Weg von der Grundschule zum Basketballplatz im Luisenpark. Kontrolliere: Lies die Beschreibung einem Partnerkind vor. Lass das Partnerkind den Weg auf dem Plan mit dem Finger verfolgen.

④ Stimmt oder stimmt nicht? Kreuze an.

	stimmt	stimmt nicht
Auf dem Mariannenplatz ist ein Spielplatz für Kleinkinder.	☐	☐
Auf dem Spielplatz an der Schule kann man Fahrrad fahren.	☐	☐

⑤ Stelle einem Partnerkind Fragen zum Plan. Schreibe die Frage und die Antwort auf ein Kärtchen.

① Was gibt es auf einem Spielplatz nicht?
Streiche in jeder Zeile ein Wort durch.

Klettergerüst   Wippe   Schaukel   Schwimmbad   Rutsche

Basketballkorb   Bilderrahmen   Fußball   Fahrrad   Wackelbrücke

② Welche Überschrift passt zu welchem Spiel?

| Balancierball | Prellball | Klatschball |

_____ | _____ | _____

| Du wirfst den Ball ganz weit hoch in die Luft. Dabei klatschst du so oft wie möglich in die Hände und fängst den Ball wieder auf. Wie oft schaffst du es? Zähle mit. | Du wirfst den Ball fest auf den Boden und schlägst den Ball mit einer Hand immer wieder zurück. Wie oft schaffst du das? Zähle mit. | Du balancierst den Ball auf der Kuppe deines Zeigefingers. Wie lange schaffst du es, bevor er hinunterfällt? Zähle so: eins -, zwei -, drei -, … |

③ Welches Zeichen ist gemeint? Kreuze an.

An diesem Ort kann man sich mit Freunden treffen.
Es ist auch meistens warm.
Alle haben viel Spaß im Wasser.

☐

☐

☐

④ Lies die Worttreppe mehrmals, bis du
sie ganz schnell lesen kannst.

Schach
Schachspiel
Schachspielplatz
Schachspielplatzfiguren
Schachspielplatzfigurenfarbe

18

1. Übung zum Überprüfen von Hypothesen
2. und 3. Übungen zum Aufbau und Überprüfen von Hypothesen

4. Übung zum Segmentieren

▸ **zu** BB Ich kenne mich aus

⑤ Welchen Weg nimmt Milan zum Spielplatz?
6 Buchstaben ergeben das Lösungswort.

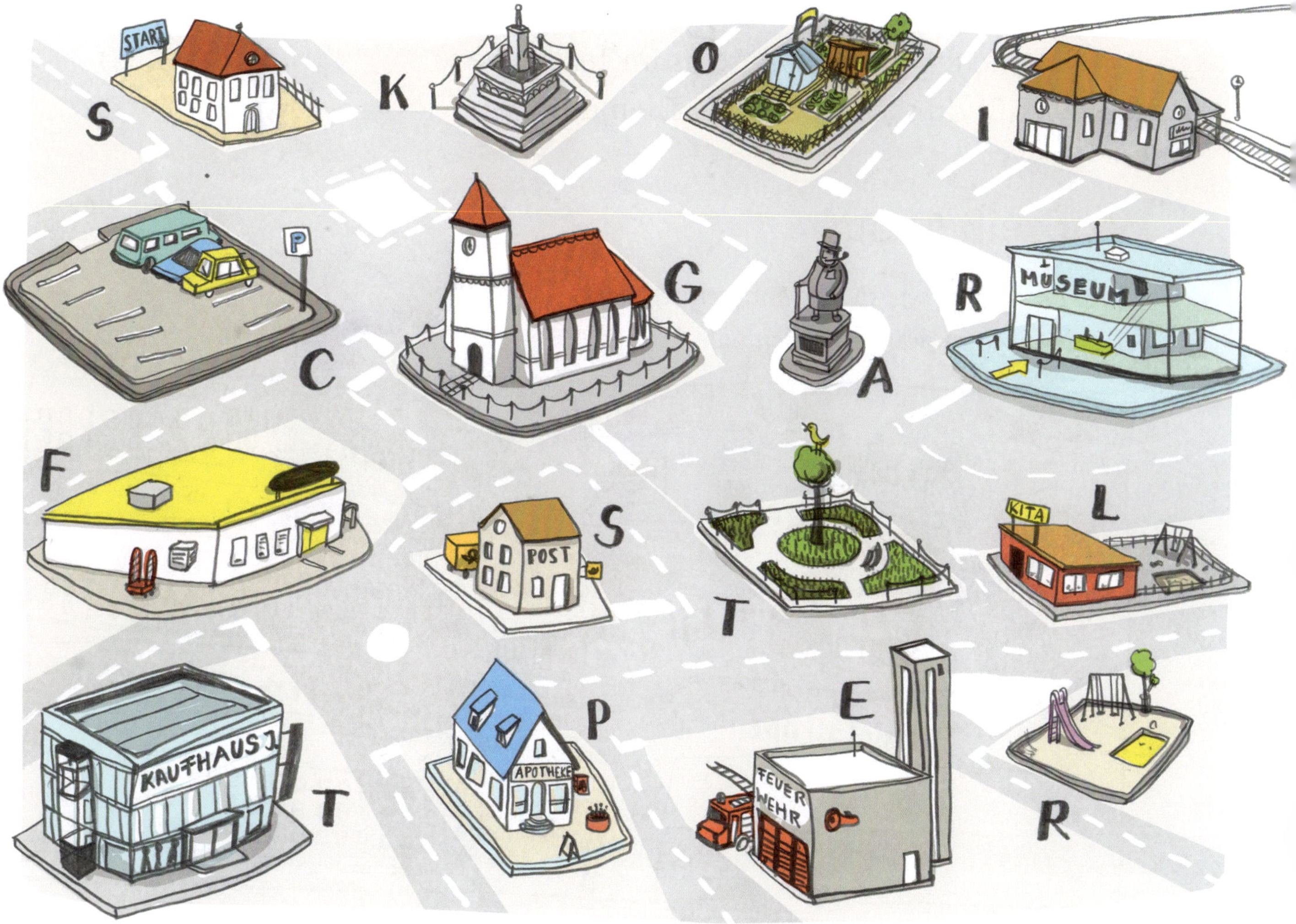

Milan geht nach der Schule zuerst die Gartenstraße entlang
bis zum Brunnen am Hanserplatz.
Dann läuft er am Denkmal vorbei bis zur Parkstraße.
Nun nimmt er den Weg durch den Park bis zur Feuerwehr.
Von dort aus ist es nicht mehr weit bis zum Spielplatz.

SKATER

⑥ Lies den Witz gemeinsam mit Partnerkindern.
👧👦 Ihr könnt den Witz auch spielen.

Lisa kommt vom Spielplatz mit einem Regenwurm nach Hause.
Die Mutter ist entsetzt: „Wohin willst du mit dem Wurm?"
Lisa antwortet: „Weißt du, wir haben zusammen draußen gespielt.
Und jetzt will ich dem Regenwurm mein Zimmer zeigen."

▸ zu BB Ich kenne mich aus   5. Übung zum Aufbau und Überprüfen   6. Übung zum Überprüfen von Hypothe-
von Hypothesen   sen

① Lies die Überschrift. Schau den Plan an.
Lies zuerst den Anfang, lies dann einige Sätze in
der Mitte und lies danach das Ende des Textes.
Denke nach: Worum könnte es im Text gehen?
Was weißt du schon über das Thema?

Wir reißen aus

Tara beschreibt, wie sie mit anderen Kindern
aus dem Möwenweg ausreißen will.

 Feuerwehrgerätehaus   Schule   Löschteich

Als wir aus dem Möwenweg abgebogen
sind, habe ich mich noch mal
umgedreht und zurückgeguckt.
Es konnte doch sein, dass ich unser
5 Haus nie mehr wiedersehen würde!
Da hatte ich plötzlich einen richtigen
Kloß im Hals. Eigentlich war alles ja
schrecklich traurig. Man stelle sich
vor, wenn wir wirklich niemals mehr
10 zurückkommen würden!
Ich habe lieber angefangen zu rennen

und Fritzi gegen den Arm geboxt.
„Fang mich doch!", hab ich geschrien.
Fritzi ist ja nicht halb so schnell wie ich.

15 Wir sind durch das ganze Neubaugebiet
gegangen und an der Schule vorbei
und in den Ort und an der Hauptstraße
entlang. „Gleich sind wir am Ziel", hat
Vincent gesagt. „Haltet durch, Männer,
20 haltet durch! Nur noch wenige
Tagesmärsche, dann sind wir da."

20

Vor dem Lesen des Textes: Verfahren zur
ersten Orientierung nutzen und Vorwissen
aktivieren

1. Vermutungen einzelner Kinder zum
Textinhalt vortragen und gemeinsam
darüber nachdenken; ggf. unbekannte
Wendungen klären, z. B. Kloß im Hals

▸ zu BB Ich kenne mich aus

Und gerade als ich gedacht hab,
dass ich bestimmt keinen einzigen
Tagesmarsch mehr durchhalte,
25 ist Vincent hinter dem neuen Feuerwehrgerätehaus in eine kleine Seiten-
straße eingebogen.

„Hier wird ab jetzt unsere Heimat
sein", hat er feierlich gesagt. Vincent
30 liest ja viele Bücher. „Wasser ist immer
das Wichtigste." Und da hab ich
gewusst, dass der weite Weg sich
gelohnt hatte. Hinter dem Gerätehaus
ist nämlich eine Wiese mit Büschen
35 und ein paar Bäumen drauf. Und in
der Mitte liegt der Feuerwehrteich.
„Geil!", hat Petja geschrien. „Wildnis!"

Eine richtige Wildnis war es
natürlich nicht, nur fast. Aber Jul hat
40 sich an die Stirn getippt und gesagt,
so dicht beim Möwenweg finden
die Erwachsenen uns doch sofort.
Vincent hat gesagt, das ist Quatsch.
Es ist wie mit der Lesebrille von
45 seiner Mutter. Die sucht sie auch
jeden Tag, und dabei hängt sie immer
an einer Schnur um ihren Hals.
„Ganz in der Nähe sucht man
nämlich nie!", hat Vincent gesagt.
50 Das war doch schlau von ihm.

Kirsten Boie

② Worüber informiert der Plan? Schreibe auf.

③ Was bedeutet dieses Zeichen? Erkläre.

④ Welchen Weg gehen die Kinder, als sie gemeinsam ausreißen?
– Markiere alle Sätze, in denen der Weg beschrieben wird.
– Zeichne den Weg in den Plan ein.

⑤ Wer erzählt die Geschichte? Kreise ein.

Vincent   Petja   Tara   Jul   Fritzi

⑥ Tara hat einen Kloß im Hals. Tausche dich mit
einem Partnerkind über Taras Gedanken und Gefühle aus.

1. Denke über eine Figur im Text nach.
   Du kannst
   – Textstellen suchen, in denen die Figur vorkommt,
   – aufschreiben, was die Figur macht,
   – in eine Gedankenblase schreiben,
     was die Figur denkt,
   – aufschreiben, wie du die Figur findest.
2. Tausche deine Gedanken über die Figur
   mit einem Partnerkind aus.

Franz allein im Krankenhaus

*Franz hat sich im Keller verletzt, als er allein zu Hause ist.
Zum Glück findet ihn die Hausmeisterin. Sie ruft einen Rettungswagen,
der den Franz ins Krankenhaus bringt.*

Dann hielt der Wagen und die Trage
mit dem Franz wurde herausgeholt.
Die Rettungsmänner trugen den Franz
ins Krankenhaus hinein. Der Franz
5 schloss die Augen. Er wollte von der
ganzen Welt nichts mehr wissen!
Die Augen machte er erst wieder auf,
als ihn jemand streichelte. Eine junge
Frau Doktor war das.

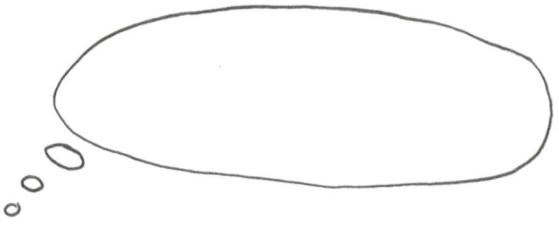

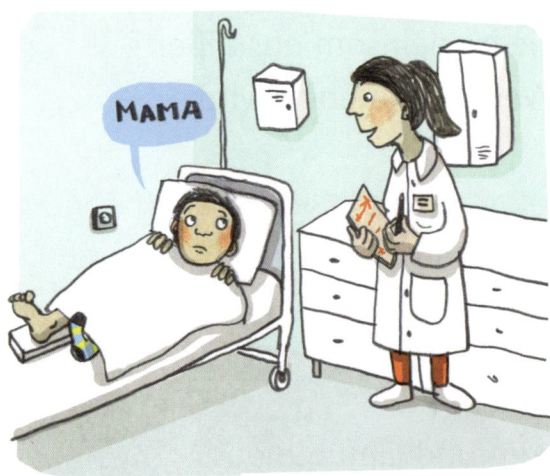

10 Sie sagte: „Jetzt machen wir ein
Röntgenbild von deinem Knöchel."
Der Franz piepste: „Die Mami soll
kommen!"
„Weißt du, was ein Röntgenbild ist?",
15 fragte die junge Frau Doktor. Der Franz
piepste: „Die Mami soll kommen!"
„Ein Röntgenbild ist ein Foto von
deinem Knochen", sagte die junge Frau
Doktor. Der Franz piepste: „Die Mami
20 soll kommen!" „Und das tut nicht weh",
sagte die junge Frau Doktor.
Blöde Kuh, dachte der Franz und
piepste weiter nach der Mama.

Bildungsstandard:
Texte erschließen/Vorstellungen und
Gedanken zu Texten entwickeln, zu Texten
Stellung nehmen und mit anderen über
Texte sprechen

Schritte des Lesetrainings mit der gesamten Lerngruppe bzw. in kleineren Gruppen
einführen; unterschiedliche Meinungen
zum Text austauschen

► zu BB Bei mir zu Hause

Er piepste nach der Mama, als man ihn
25 unter den Röntgenapparat schob und
ihn wieder herauszog. Und als man ihn
ins Gips-Zimmer rollte und eine Plastik-
schiene unter das Bein legte und als man
ihm eine Gipsbinde ums Bein wickelte
30 und Gips darauf schmierte. Aber
die Leute, die am Franz herumwerkten,
schienen taub zu sein. Sie lächelten ihm
lieb zu, streichelten ihn und sagten:
„Bald hast du es geschafft!" Und:
35 „Es ist gar nicht so schlimm!"

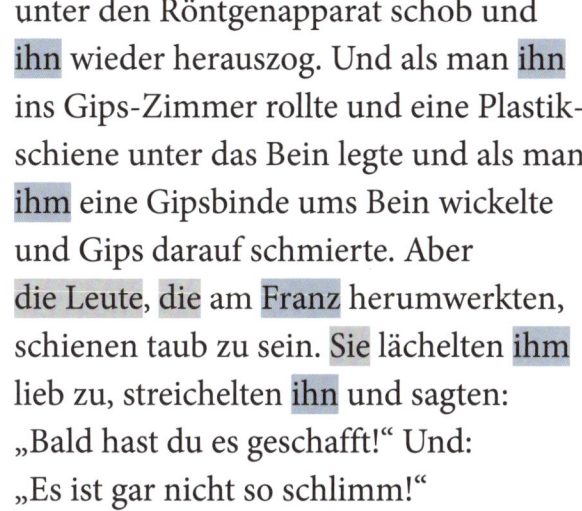

Endlich erwischte der Franz einen ver-
nünftigen Menschen. Einen, der
sich die Mühe nahm, das Piepsen zu
verstehen. Der sagte zu ihm: „Deine
40 Mami ist längst da. Die wartet draußen."
Da ging es dem Franz wieder gut und
seine Stimme wurde wieder normal.

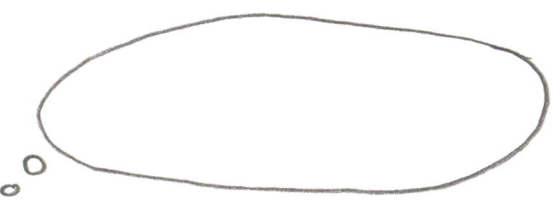

Ganz trocken war der Gips schon, als
die Mama endlich ins Zimmer durfte.
45 „Ach, mein armer Franz", rief die Mama
und schloss den Franz in die Arme.
„Es geht mir ja gut", sagte der Franz.
„So was von tapfer", sagte die Mama.
„War bloß ein Klacks", sagte der Franz.

Christine Nöstlinger

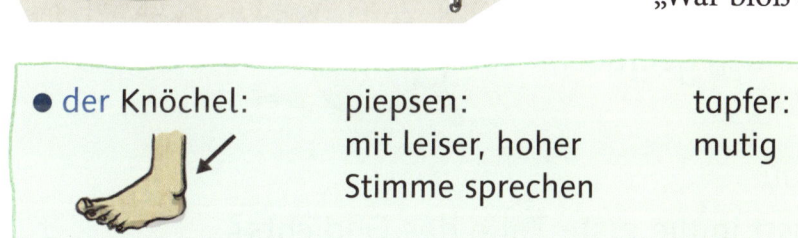

● der Knöchel: piepsen: tapfer:
                   mit leiser, hoher mutig
                   Stimme sprechen

① Der Franz piepst immer wieder den gleichen Satz.
   Suche diesen Satz und markiere den Satz jedes Mal.

② Lies den ersten Abschnitt genau. Was denkt Franz wohl,
   als er ins Krankenhaus gebracht wird?
   Schreibe es in die erste Denkblase.

③ Lies die Zeilen 36–49. Was denkt Franz wohl, als er hört,
   dass seine Mama da ist? Schreibe es in die zweite Denkblase.

④ Suche dir ein Partnerkind. Vergleicht eure Denkblasen.

► zu BB Bei mir zu Hause   Begriffe klären (evtl.: herumwerken)   2.–4. Verständnis für Gedanken und Ge-
                             1. verschiedene Sprechweisen ausprobie-   fühle von Franz zeigen, sich mit anderen
                             ren lassen   Kindern darüber austauschen   23

① Kennst du diese seltsamen Krankheiten?
In jedem Wort ist ein verkehrter Buchstabe.
Schreibe die Krankheiten richtig auf.

o die Wandpocken   ● der Schnepfen   ● das Rauchweh

_____   _____   _____

● der Hasten   ● die Haltentzündung   ● der Lurchfall

_____   _____   _____

② Lies die Zungenbrecher ohne Fehler und
so schnell wie möglich. Stoppe die Zeit.

In Krefeld kriechen kranke Kreuzottern
kraftlos durch Kristinas Kräuterbeet.

Armin gibt Arsu artig
arabische Arznei.

Die Schneeeule schnäuzt
in ein schneeweißes Schnupftuch.

Ich habe _____ Sekunden gebraucht.

③ Lies das Gedicht genau.
Welcher Tiername passt in die erste Zeile des Gedichts?

| Leopard | Elefant | Tausendfüßler | Rennmaus |

Trage das passende Wort ein.

Verflixt!

_____   Fuß gebrochen?

was ist los?   Je o jee

Fuß gebrochen   welcher tut

welchen bloß   von tausend weh?

Anne Steinwart

1. Übung zum Überprüfen von Hypothesen
2. Übung zur Segmentierung

3. Übung zum Aufbau und Überprüfen
von Hypothesen

► zu BB Bei mir zu Hause

④ Welches Wort passt nicht in den Satz? Streiche es durch.

Lino *liegt / liebt* mit hohem Fieber zu Hause im Bett.

Papa bringt ihm eine *Taste / Tasse* mit heißem Tee.

Oma bereitet Zwiebelsaft zu, der soll Linos Husten *heilen / heißen*.

Mama geht in die *Bibliothek / Apotheke* und holt Medizin gegen das Fieber.

Lino jammert: „Das schmeckt ja alles ganz *ehrlich / eklig*."

⑤ Bastel-Knobelei: Mit einem süßen Taschentuch-Gespenst
kannst du einer kranken Schnupfennase eine Freude machen.
Ordne die Arbeitsschritte den passenden Bildern zu.

  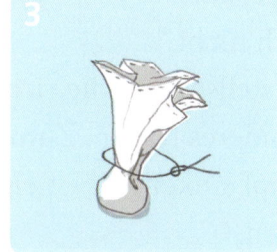 

☐ Lege in die Mitte des Papiertaschentuchs ein Bonbon.

☐ Falte das Taschentuch hoch und binde es mit
einem weißen Faden ab. So entsteht ein kleiner Kopf.

☐ Male zum Schluss mit einem schwarzen Stift
Augen und Mund. Dein Gespenst ist fertig.

1 Besorge dir ein Papiertaschentuch.

⑥ Lies den Witz gemeinsam mit Partnerkindern.
Ihr könnt den Witz auch spielen.

Mia sitzt mit einer dicken Schnupfennase im Bus.
Die Dame neben ihr fragt: „Hast du denn kein Taschentuch?"
Darauf Mia: „Klar, aber das verleihe ich nicht."

▶ zu BB Bei mir zu Hause   4. Übung zum Aufbau und Überprüfen   5. und 6. Übungen zum Überprüfen von
von Hypothesen   Hypothesen

25

1) Lies die Überschrift und schau dir die Bilder an.
Lies zuerst den Anfang, lies dann einige Sätze in
der Mitte und lies danach das Ende des Textes.
Denke nach: Worum könnte es im Text gehen?
Was weißt du schon darüber?

Krank

Es ist später Nachmittag. Ziege liegt lustlos im Gras.
„Wie faul du daliegst", sagt Schaf.
„Ich bin krank", sagt Ziege.
„Wie das denn?"
5 „Ich weiß nicht."
„Und was hast du?"
„Ich weiß nicht."
„Wirst du wieder gesund?"
„Das weiß ich auch nicht."
10 Ziege seufzt. „Du stellst nicht die richtigen Fragen, Schaf.
Du musst etwas anderes fragen. Zum Beispiel, was ich möchte."
Ziege lässt den Kopf sinken. Sie ist eigentlich zu krank,
um viel zu sprechen.
„Ich brauche nicht zu fragen, was du möchtest", sagt Schaf.
15 „Das weiß ich nämlich schon. Du willst wieder gesund werden."
„Das stimmt", sagt Ziege. „Aber ich weiß nicht, ob das geht.
Trotzdem musst du mich fragen, was ich möchte.
Ich möchte nämlich noch was."
Ziege schaut Schaf müde an. Mager und still liegt sie im Gras.
20 „Okay", sagt Schaf. „Was möchtest du, Ziege?"
„Ich will, dass du dich zu mir setzt, bis ich eingeschlafen bin",
sagt Ziege kleinlaut.
„Ist das alles?", fragt Schaf erstaunt.
„Tust du es?", fragt Ziege leise.
25 „Na gut", sagt Schaf.
Schaf setzt sich ganz nah neben Ziege. Ziege legt ihren Kopf
auf Schafs Schoß und schließt die Augen. Sie bibbert leicht.
Sie kann noch nicht schlafen.

mager:
dünn

kleinlaut:
traurig,
bedrückt

Vor dem Lesen des Textes: Verfahren zur
ersten Orientierung nutzen und Vorwissen
aktivieren

1. Vermutungen einzelner Kinder zum
Textinhalt vortragen und gemeinsam darüber nachdenken

► zu BB Bei mir zu Hause

„Soll ich das allerbeste Gras für dich pflücken?", fragt Schaf.

30 „Das ist nicht die richtige Frage", flüstert Ziege.

„Du musst fragen, ob ich gut liege."

„Liegst du gut?", fragt Schaf. „Ja, ich liege gut."

Es dauert lange, bevor Ziege einschläft.

Schaf wird ganz steif vom Sitzen.

35 Aber Schaf steht nicht auf. Es bleibt bei Ziege sitzen.

Es muss die richtige Frage stellen, wenn Ziege nachher aufwacht.

Langsam wird es dunkel. Und Schaf schläft ein.

Als Ziege aufwacht, spürt sie Schafs warmen Körper.

Schaf hat es getan!, denkt Ziege. Es ist bei mir geblieben.

40 Jetzt öffnet auch Schaf die Augen. „Ich hoffe, Ziege,

es ist die richtige Frage", sagt Schaf: „Wie geht es dir?"

„Es ist die richtige Frage, Schaf", sagt Ziege.

„Und ich werde dir sagen, wie es mir geht.

Ich bin immer noch krank, aber ich habe gut geschlafen."

Marleen Westera

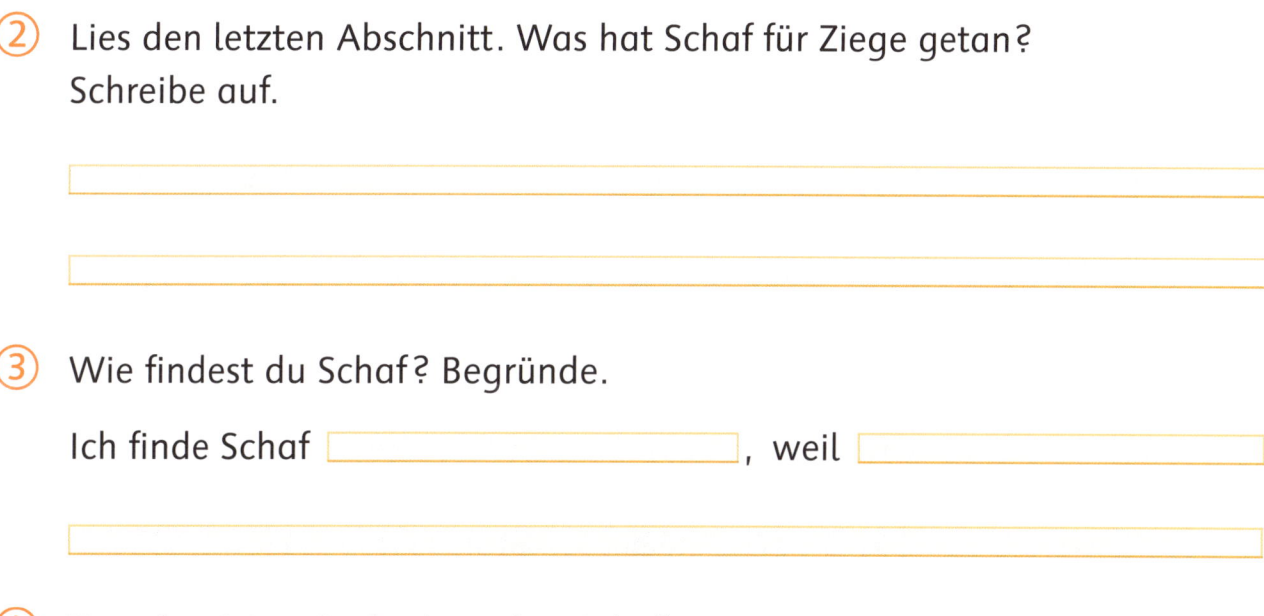

② Lies den letzten Abschnitt. Was hat Schaf für Ziege getan?
Schreibe auf.

③ Wie findest du Schaf? Begründe.

Ich finde Schaf _____ , weil _____

_____ .

④ Tausche deine Gedanken über Schaf
mit einem Partnerkind aus.

⑤ Was wünschst du dir von deinen Eltern,
wenn du dich ganz krank fühlst?
Schreibe auf. Du kannst auch dazu malen.

1. Stelle eine Pop-up-Karte her.

2. Gestalte den Hintergrund und
   die Figuren mit Sprechblasen.

3. Präsentiere dein Pop-up.
   – Nenne die Überschrift und den Autor des Textes.
   – Erzähle, was die Figuren machen und reden.
   – Sage, wie du den Text findest. Begründe.

Von einer Maus, die einen Löwen befreit

Es war einmal ein Löwe, der sich
zu einem Mittagsschlaf hingelegt hatte.

Da lief eine Maus über seine riesigen Tatzen.
Der Löwe erwachte.
5 Verärgert über die Störung packte er
das kleine Tier und wollte es verschlingen.

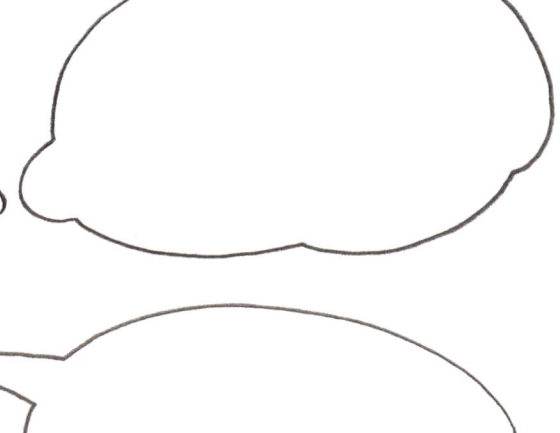

Da rief die Maus mit kläglicher Stimme:
„König der Tiere, du bist gewohnt,
mit Stieren und Hirschen zu kämpfen.
10 Ich bin doch nur ein winziger Bissen für dich.
Lass mich am Leben. Vielleicht kann ich dir
eines Tages einen Dienst erweisen."

Der Löwe lachte und ließ die Maus großmütig laufen.
Bald darauf verfing er sich im Netz eines Jägers.
15 Verzweifelt versuchte er sich zu befreien,
aber es gelang ihm nicht.

verärgert:	● die klägliche Stimme:	● der winzige Bissen:
kommt von *Ärger*	eine schwache Stimme	ein sehr kleiner Bissen

28

Bildungsstandard:
Texte präsentieren / Texte, Bücher und
Medien begründet auswählen und prä-
sentieren

Schritte des Lesetrainings mit der gesamten Lerngruppe bzw. in kleineren Gruppen
einführen

▸ zu BB Ich stelle mir vor

Von seinem Gebrüll geweckt,
kam die Maus aus ihrem Loch.
Ohne lange zu überlegen,
20 fing sie mit ihren scharfen Zähnen an,
die Stricke zu durchnagen.
Und sie gab nicht auf,
bis der Löwe befreit war.

Max Bolliger nach Äsop

● **das** Gebrüll:
kommt von *brüllen*

① Welche Tiere handeln im Text? Kreuze an.

☐ Löwe   ☐ Hirsch   ☐ Maus   ☐ Stier

② Lies den ersten und zweiten Abschnitt. Was könnte
der Löwe denken? Schreibe es in die Denkblase.

③ Lies im dritten Abschnitt, was die Maus ruft.
Schreibe den wichtigsten Satz als Bitte in die Sprechblase.

④ Lies die beiden letzten Abschnitte. Was könnte der Löwe
zur Maus sagen? Schreibe es in die Sprechblase.

⑤ Wie möchtest du den Hintergrund
der Pop-up-Karte gestalten? Rahme ein.

mein eigenes Bild

⑥ Aus der Geschichte kannst du etwas lernen.
Welcher Satz passt? Kreuze an.

☐ Große Tiere sind die Stärksten.

☐ Niemand ist zu klein, um zu helfen.

☐ Mäuse sind besser als Löwen.

▶ **zu** BB Ich stelle mir vor

1. Lösung mit Hilfe von Textstellen belegen: ankreuzen
2.–4. Verständnis für Gedanken und Gefühle zeigen, sich mit anderen Kindern darüber austauschen

5. handelnd mit Texten umgehen, Texte präsentieren
6. zentrale Aussagen eines Textes wiedergeben

29

① Lies das Gedicht so schnell wie möglich.
Stoppe die Zeit.

Als die Klapperschlangen
immer schlapper klangen,
sah man Riesennattern,
die beim Niesen rattern,
während Ringelschlangen
wie die Schlingel rangen.

Gerald Jatzek

Ich habe _____ Sekunden gebraucht.

② Ergänze vier Tiernamen mit BL und vier Tiernamen mit BR.

_____AUMEISE   _____ILLENSCHLANGE

_____IEFTAUBE   _____AUNBÄR

_____INDSCHLEICHE   _____AUWAL

_____ILLENBÄR   _____ATTLAUS

③ In manchen Geschichten haben Tiere Eigenschaften.
Was passt zusammen? Verbinde.

Faultier	langsam
Fuchs	böse
Gans	schlau
Wolf	faul
Schnecke	dumm

1. Übung zur Segmentierung
2. Übung zum Aufbau von Hypothesen

3. Übung zum Aufstellen und Überprüfen
von Hypothesen

▸ zu BB Ich stelle mir vor

④ In jedem Wort hat sich ein Tier aus der Wortliste versteckt.
Markiere die Namen in jedem Wort.

EISWAFFEL   FREUNDSCHAFT

DREHTÜR   ZIEGELSTEIN

RADLERHOSE   DUSCHWAND

TANZSAAL   RENTE

EHERING   LESELAMPE

Anne und Paul Maar

| Ente |
| Affe |
| Ziege |
| Adler |
| Schwan |
| Aal |
| Schaf |
| Hering |
| Esel |
| Reh |

⑤ Löse das Rätsel.

Es gibt ein Tier,
das lebt nicht hier,
das lebt in warmen Ländern.
Ist grün, ist rot,
ist braun wie Brot –
es kann die Farbe ändern.
Mit der Zunge, der langen,
kann es – schwupps –
die Fliegen fangen.
Ich glaube fast, du weißt es schon:
Das Tier, das heißt:

_____ .

Pelikan

Chamäleon

Nashorn

Paul Maar

⑥ Lies den Witz gemeinsam mit Partnerkindern.
Ihr könnt den Witz auch spielen.

Eine Katze und eine Maus kommen in eine Bäckerei.
„Ich möchte bitte ein Stück Pflaumenkuchen mit Sahne",
sagt die Maus.
„Und Sie?", fragt die Verkäuferin die Katze.
„Ich möchte bitte nur einen Klacks Sahne auf die Maus."

ANGEBOT

① Lies die Überschrift und schau dir die Bilder an.
Lies zuerst den Anfang, lies dann einige Sätze in
der Mitte und lies danach das Ende des Textes.
Denke nach: Worum könnte es im Text gehen?
Was weißt du schon über das Thema?

Die beiden Ziegen

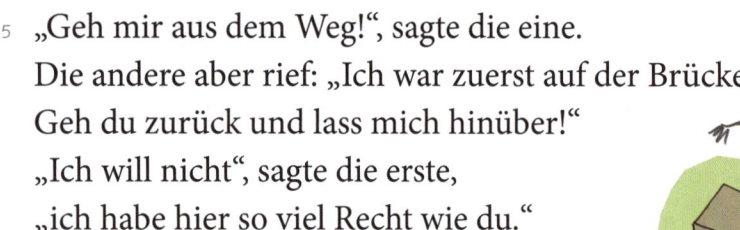

Zwei Ziegen begegneten einander
auf einem schmalen Steg,
der über einen tiefen Fluss führte.
Die eine wollte hinüber, die andere herüber.

5 „Geh mir aus dem Weg!", sagte die eine.
Die andere aber rief: „Ich war zuerst auf der Brücke.
Geh du zurück und lass mich hinüber!"
„Ich will nicht", sagte die erste,
„ich habe hier so viel Recht wie du."

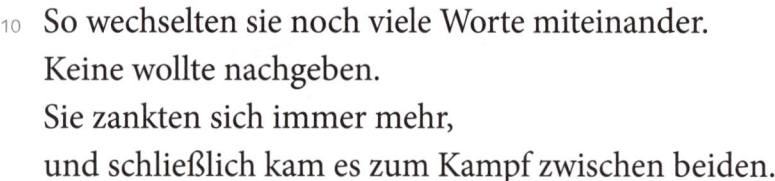

10 So wechselten sie noch viele Worte miteinander.
Keine wollte nachgeben.
Sie zankten sich immer mehr,
und schließlich kam es zum Kampf zwischen beiden.

Sie senkten ihre Hörner,
15 rannten zornig aufeinander los
und stießen heftig zusammen.
Dabei fielen beide
von der schmalen Brücke
in das tiefe Wasser hinein.

K. D. Uschinski

● der Steg:	Worte wechseln:	nachgeben:
kleine Brücke	reden, sich unterhalten	aufgeben, zurückweichen

Vor dem Lesen des Textes: Verfahren zur
ersten Orientierung nutzen und Vorwissen
aktivieren

1. Vermutungen einzelner Kinder zum
Textinhalt vortragen und gemeinsam
darüber nachdenken, Begriffserklärungen
nutzen und evtl. weitere Begriffe oder
Wendungen klären, z. B. zornig, zanken

▸ zu BB Ich stelle mir vor

② In dieser Geschichte handeln zwei Ziegen.
Welche Eigenschaften haben die Ziegen?
Kreise passende Adjektive ein.

zänkisch   klug   stur

    bockig   hilfsbereit   nett

zornig   höflich   wütend

③ Welchen Abschnitt der Geschichte möchtest du
als Hintergrund für eine Pop-up-Karte gestalten?
Rahme das Bild ein.

④ Im dritten Abschnitt steht:
„So wechselten sie noch viele Worte miteinander."
Schreibe auf, wie der Streit weitergehen könnte.

erste Ziege:

zweite Ziege:

erste Ziege:

zweite Ziege:

erste Ziege:

zweite Ziege:

⑤ Wähle aus, was jede Ziege sagen soll.
Beschrifte zwei Sprechblasen.

ICH WILL NICHT!

⑥ Bastle eine Pop-up-Karte.
Erzähle die Geschichte mit Hilfe der Karte.

▶ zu BB Ich stelle mir vor   2. Aussagen mit Textstellen belegen   3.–6. handelnd mit Texten umgehen, Text mit eigenen Worten wiedergeben

33

1. Suche ein Kind zum Partnerlesen.

2. Lest zusammen den Text halblaut vor.

3. Lest die Textabschnitte abwechselnd.

4. Lest danach den Text ein zweites Mal.
   Tauscht beim zweiten Mal die Abschnitte.

5. Schätzt gegenseitig euren Trainingserfolg ein.
   Nutzt die Kriterien.

6. Bewertet den Text.

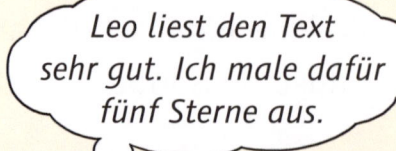

> *Leo liest den Text sehr gut. Ich male dafür fünf Sterne aus.*

Hobbys

Besonders glücklich bin ich, wenn ich im Wasser bin.
Seit einem halben Jahr trainiere ich
in einem Schwimmverein.
Dort lernen wir Brustschwimmen und
viele andere Schwimmarten.
Am witzigsten finde ich das Schmetterlingsschwimmen.

Nachmittags gehe ich oft mit meinen
Inlineskates zum Skateplatz im Park.
Zum Schutz trage ich immer meinen Helm
und Schoner für die Handgelenke,
Ellbogen und Knie.
Ich kann schon ziemlich sicher fahren
und probiere kleine Sprünge.

○ die Inlineskates: ○ die Schoner: ● der Ellbogen:

Bildungsstandard:
Über Lesefähigkeiten verfügen/altersgemäße Texte flüssig vorlesen

Schritte des Lesetrainings mit der gesamten Lerngruppe bzw. in kleineren Gruppen einführen; verschiedene Selbsteinschätzungen vortragen

► zu BB Zeit für mich

Im Hort lerne ich gemeinsam
mit vier anderen Kindern Flöte spielen.
Am Anfang war es anstrengend,
aber jetzt macht das Flöten richtig Spaß.
Wir sind sogar schon bei
einem Schulfest aufgetreten.

Wenn ich nichts anderes tun muss,
spiele ich am liebsten Fußball.
In den Hofpausen rennen immer zwei von uns schnell
aus dem Klassenzimmer und besetzen die Tore.
Nachmittags treffen wir uns auf
dem Bolzplatz in der Siedlung.

① Suche dir ein Partnerkind.

Führt das Partnerlesen durch.

● **der** Bolzplatz:
Platz zum Fußballspielen

② Schätze deinen Trainingserfolg ein.

Bitte auch dein Partnerkind um eine Einschätzung.

So schätze ich mein lautes Lesen ein:		So schätzt mich mein Partnerkind ein:	
Ich lese die meisten Wörter flüssig.	☆☆☆☆	Du liest die meisten Wörter flüssig.	☆☆☆☆
Ich lese (fast) ohne Fehler.	☆☆☆☆	Du liest (fast) ohne Fehler.	☆☆☆☆
Ich mache passende Pausen bei Kommas und am Satzende.	☆☆☆☆	Du machst passende Pausen bei Kommas und am Satzende.	☆☆☆☆

③ Wie findest du den Text? Begründe.

Ich finde den Text [_____] , weil [_____]

[_____] .

▶ **zu** BB Zeit für mich

1. Begriffsklärungen nutzen und ggf. weitere Begriffe klären; Partnerwahl evtl. steuern (guter Leser mit weniger gutem Leser); Trainingsverfahren zum flüssigen Vorlesen kennen und anwenden

2. Trainingserfolg einschätzen
3. zu Texten Stellung nehmen, mit anderen über Texte sprechen

35

① Lies die Satztreppen mehrmals, bis du
sie ganz schnell lesen kannst.

Natalia …
Natalia trifft …
Natalia trifft Frau Bach.
Natalia trifft Frau Bach mit dem Federball.
Natalia trifft Frau Bach mit dem Federball am Kopf.

Timo …
Timo haut.
Timo haut gerne.
Timo haut gerne mit Gefühl.
Timo haut gerne mit Gefühl auf die Trommel.

Papa …
Papa freut sich.
Papa freut sich über nichts.
Papa freut sich über nichts mehr.
Papa freut sich über nichts mehr als über ein spannendes Fußballspiel.

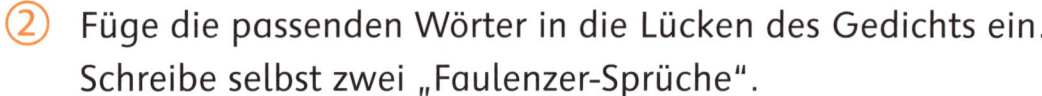

② Füge die passenden Wörter in die Lücken des Gedichts ein.
Schreibe selbst zwei „Faulenzer-Sprüche".

Faulenzen

Manchmal möchte

man

faulenzen

wie ein

Gulli im

Sonnenschein,

wie ein

Rasenmäher

im _____,

wie eine

Nachttischlampe

am _____.

Josef Reding

| Nacht |
| Tag |
| Sommer |
| Winter |

faulenzen:
faul sein, nichts tun

Manchmal
möchte
man
faulenzen
wie ein
_____
im Sommer.

Manchmal
möchte
man
faulenzen
wie _____
_____
_____.

③ Ergänze die fehlenden Buchstaben.
Setze sie von oben nach unten zusammen,
dann entsteht ein Hobby.

_____USTIG ist es und manchmal auch

_____RNST. Oft ist es richtig

_____PANNEND, wenn zum Beispiel

_____TWAS Gruseliges passiert. Am besten ist es, wenn

_____IEMAND dabei stört.

④ Streiche die Silbe durch, die nicht in das Wort gehört.
Schreibe das Wort auf.

Bas lo ket ball   Gum pel mi twist   Ka ra ba te   Seil ten sprin gen

_____   _____   _____   _____

⑤ Löse die Knobelei. Wer ist Milena?
Kreise ein.

Sina hat einen roten Rock an.
Lola trägt nichts Gepunktetes
und hat einen Pferdeschwanz.
Fatma steht nicht neben Milena
und liebt Tischtennis.

⑥ Lies den Witz gemeinsam mit Partnerkindern.
Ihr könnt den Witz auch spielen.

Ali klingelt bei Lisa und fragt:
„Kommst du mit zum Fußballspielen?"
Lisa antwortet: „Nein, ich kann erst später.
Ich muss noch meinem Papa bei meinen Hausaufgaben helfen."

▶ zu BB Zeit für mich   3. Übung zum Aufbau und Überprüfen   5. und 6. Übungen zum Überprüfen von
von Hypothesen   Hypothesen
4. Übung zur Segmentierung   **37**

① Lies die Überschrift und schau dir die Bilder an.
Lies zuerst den Anfang, lies dann einige Sätze in
der Mitte und lies danach das Ende des Textes.
Denke nach: Worum könnte es im Text gehen?
Was weißt du schon darüber?

Lena hat nur Fußball im Kopf

Drei mal vier ist zwölf, denkt Lena,
und drei mal acht ist irgendwas mit zwanzig.
Aber was ist sechs mal sieben?
Mathematik ist das grässlichste Fach auf der Welt.

5   Da kommt Mama ins Zimmer
und beugt sich über Lenas Schulter.
„Lena", ruft sie. „Acht mal drei ist vierundzwanzig!
Und drei mal fünf ist fünfzehn!
Das ist ja alles wieder falsch!"

10   Lena duckt sich ganz tief über ihr Heft.
Jetzt soll Mama bloß nicht schimpfen.
Schließlich kann Lena nichts dafür,
wenn sie nicht so gut rechnen kann.
Sie hat sich wirklich Mühe gegeben.

grässlich:
schrecklich, furchtbar

15   Mama holt tief Luft und setzt sich
auf die Kante von Lenas Schreibtisch.
„Das üben wir jetzt, bis es klappt!",
sagt Mama energisch.

Lena nickt und schiebt ihren Stuhl zurück.
20   „Ja, machen wir, Mama", sagt sie.
„Aber jetzt hab ich Training.
Heute Abend üben wir das."

„Zum Training?", schreit Mama.
„Wo du Mathe üben sollst?

25   Wo die letzten drei Arbeiten doch so schlecht waren?
Aber du denkst natürlich immer nur an Fußball!"

Vor dem Lesen des Textes: Verfahren zur
ersten Orientierung nutzen und Vorwissen
aktivieren

1. Vermutungen einzelner Kinder zum
Textinhalt vortragen und gemeinsam
darüber nachdenken, Begriffserklärungen
nutzen und evtl. weitere Begriffe oder
Wendungen klären

▸ zu BB Zeit für mich

Mama springt auf.
„Das wird jetzt mal anders, mein Kind!",
ruft sie und fast wäre der Schreibtisch
30 unter ihr umgekippt.

„Jetzt wirst du mal lernen, was wichtig ist!
Der Fußball wird erst einmal
auf dich verzichten müssen!
Du denkst ja sonst an nichts anderes."

Kirsten Boie

② Suche ein Partnerkind.

👥 Führt das Partnerlesen durch.

③ Schätze deinen Trainingserfolg ein.

👥 Bitte auch dein Partnerkind um eine Einschätzung.

So schätze ich mein lautes Lesen ein:	
Ich lese die meisten Wörter flüssig.	☆☆☆☆☆
Ich lese (fast) ohne Fehler.	☆☆☆☆☆
Ich mache passende Pausen bei Kommas und am Satzende.	☆☆☆☆☆

So schätzt mich mein Partnerkind ein:	
Du liest die meisten Wörter flüssig.	☆☆☆☆☆
Du liest (fast) ohne Fehler.	☆☆☆☆☆
Du machst passende Pausen bei Kommas und am Satzende.	☆☆☆☆☆

④ Wie findest du den Text? Begründe.

Ich finde den Text _____ , weil _____

_____.

⑤ Lies den letzten Abschnitt. Was denkt Lena wohl

👥 über Mamas Verbot? Schreibe es in eine Denkblase.
Vergleiche mit einem Partnerkind.

▶ zu BB Zeit für mich

2. Partnerwahl evtl. steuern (guter Leser mit weniger gutem Leser); Trainingsverfahren zum flüssigen Vorlesen kennen und anwenden
3. Trainingserfolg einschätzen

4. und 5. eigene Gedanken zu Texten entwickeln, zu Texten Stellung nehmen und mit anderen über Texte sprechen

39

1. Lerne ein Gedicht auswendig.
   Du kannst Verschiedenes ausprobieren:

   – Male zu jeder Strophe des Gedichts ein Bild.
     Versuche, das Gedicht auswendig zu sprechen.
     Nutze die Bilder.

   – Lege einige Spielsteine auf den Text. Versuche,
     die verdeckten Stellen auswendig zu sprechen.

   – Übe mit einem Partnerkind.
     Das Partnerkind liest den Text laut.
     Versuche, das Gedicht auswendig mitzusprechen.

2. Trage das Gedicht ausdrucksvoll vor.
   Schätze deinen Gedichtvortrag ein.
   Bitte auch ein Partnerkind um eine Einschätzung.

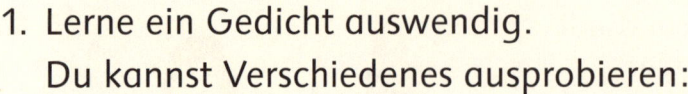

Das Eisgespenst

Im Kühlschrank wohnt das Eisgespenst
es zittert und es brummt
und manchmal hört es sich so an
als ob's im Kühlschrank summt
geh in die Küche und hör zu
du musst ganz leise sein

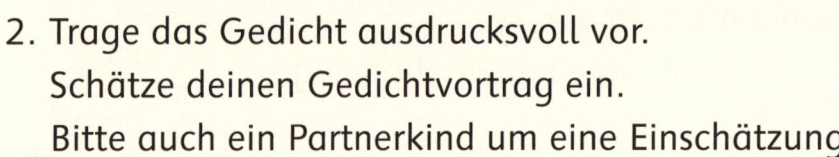

Das Eisgespenst summt sich zur Ruh
und schläft beim Summen ein
doch öffnest du die Kühlschranktür
und machst ein bisschen Krach
dann ist das kalte Eisgespenst
auf einmal wieder wach

Jutta Richter

Wenn du ein Gespenst kennst ...

Wenn du ein Gespenst kennst,
wenn du einen Geist weißt
(aber einen zahmen),
sag mir seinen Namen!

Wohnt der Geist im dritten Stock
dort in diesem Häuserblock?
Wird er dort auch bleiben?
Sag mir seinen Namen,
denn ich will ihm schreiben!

Georg Bydlinski

zahm:
das Gegenteil von *wild*

▸ zu BB Computermaus und Lesekater

Bildungsstandard:
Texte präsentieren/selbst gewählte Texte zum Vorlesen vorbereiten und sinngestaltend vorlesen

Schritte des Lesetrainings mit der gesamten Lerngruppe bzw. in kleineren Gruppen einführen; verschiedene Selbsteinschätzungen vortragen

① Lies die zwei Gedichte.
Welches der Gedichte möchtest du
auswendig vortragen? Kreuze an.

☐ Das Eisgespenst ☐ Wenn du ein Gespenst kennst …

② Begründe deine Entscheidung.
Ich möchte dieses Gedicht auswendig lernen und vortragen,

weil

.

③ Lerne das Gedicht auswendig.
Wähle einen Tipp oder mehrere Tipps aus.

④ Trage das Gedicht einem Partnerkind vor.
Schätze deinen Gedichtvortrag ein.
Bitte auch dein Partnerkind um eine Einschätzung.

So schätze ich meinen Vortrag ein:		So schätzt mich mein Partnerkind ein:	
Ich kann das Gedicht flüssig sprechen.	☆☆☆☆	Du kannst das Gedicht flüssig sprechen.	☆☆☆☆
Ich mache passende Pausen.	☆☆☆☆	Du machst passende Pausen.	☆☆☆☆
Ich betone passend zum Inhalt.	☆☆☆☆	Du betonst passend zum Inhalt.	☆☆☆☆

⑤ Untersuche das Gedicht „Das Eisgespenst".
Ergänze die Sätze. Trage die Zahlen ein.

Das Gedicht hat _____ Strophen.

Jede Strophe hat _____ Zeilen.

Im Gedicht reimen sich _____ Wörter.

▸ zu BB Computermaus und Lesekater

1. und 2. Gedicht auswählen und Auswahl begründen
3. Gedicht auswendig lernen, dabei Nutzen der Tipps aus dem Lesetraining

4. ausdrucksvolles Vortragen des Gedichtes, Selbsteinschätzung, Einschätzung durch ein Partnerkind
5. ein Gedicht untersuchen

41

① Was lernen Gespenster in ihrer Schule?
Setze aus den Silben fünf Wörter zusammen.

| bei | hu | len | flie | heu |

| wim | schen | ßen | gen | mern |

_____

_____

② Ordne den Gespenstertexten die passende Überschrift zu.

| Weckgespenster | Schrankgespenster | Rasselgespenster |

_____   _____   _____

Diese Gespenster schlafen bei Tag am liebsten gemütlich auf Bergen von Pullovern und Socken. Sie verstecken sich deshalb bis Mitternacht immer in unaufgeräumten Schränken in Kinderzimmern.

Um Mitternacht machen sie gern Lärm. Mit großem Spaß sammeln sie deshalb bei ihren Ausflügen in der Nacht verschiedene Ketten: große, kleine, leichte, schwere. Mit diesen rasseln sie dann um die Wette.

Diese Gespenster haben eine besonders wichtige Aufgabe zu erfüllen: Um 12 Uhr in der Nacht müssen sie herumfliegen und alle anderen Gespenster wecken, damit sie nicht verschlafen und ihre Arbeit verpassen.

③ Lies die Wörtertreppe mehrmals, bis du sie ganz schnell lesen kannst.

Nebel
Nebelwolken
Nebelwolkengespenster
Nebelwolkengespensterspuk

Monster
Monsterkinder
Monsterkindergarten
Monsterkindergartentür

1. Übung zur Segmentierung
2. Übung zum Aufbau und Überprüfen von Hypothesen

3. Übung zur Segmentierung

▸ **zu** BB Computermaus und Lesekater

④ Wahr oder gelogen?
Prüfe die Aussagen. Wenn du richtig geprüft hast,
entsteht ein Lösungswort.

	wahr	gelogen
Vampire haben scharfe Zähne.	B	K
Vampire erschrecken vor Menschen.	R	L
Vampire lieben Knoblauch.	E	U
Vampire sind ganz blass.	T	P

Lösungswort: _____

⑤ Welches Tier spricht im Gedicht? Kreise ein.

Vorwärts – rückwärts

Lies vorwärts oder rückwärts mich,
ich bleibe unveränderlich.
Nachts flieg ich durch den dunklen Wald,
denn dieser ist mein Aufenthalt.
Der Sonne Licht mag ich nicht.
Und wenn ich rufe, schaudert's dich.
Den eigenen Namen nenne ich.
Lies vorwärts oder rückwärts mich,
ich bleibe unveränderlich.

Hans Gärtner

⑥ Lies den Witz gemeinsam mit Partnerkindern.
Ihr könnt den Witz auch spielen.

Der kleine Vampir-Junge kommt heulend
aus der Vampir-Schule nach Hause.
„Ich muss tausend Mal aufschreiben:
Ich soll nicht kratzen."
Darauf der Vampir-Vater empört:
„Das geschieht dir gerade recht.
Wie oft habe ich zu dir gesagt,
dass du beißen sollst!"

► zu BB Computermaus und Lesekater   4. Übung zum Überprüfen von Hypothesen   6. Übung zum Überprüfen von Hypothesen
5. Übung zum Aufbau und Überprüfen von Hypothesen

43

① Lies die Überschriften und schau dir die Bilder an.
Lies zuerst den Anfang, lies dann einige Sätze in
der Mitte und lies danach das Ende der Gedichte.
Denke nach: Worum könnte es in den Gedichten gehen?
Was weißt du schon darüber?

Bei Nacht

Plötzlich – bei Nacht
da hat es
RUMPUM RUMPUM
gemacht
RUMPUM RUMPUM
in die Stille hinein
RUMPUM RUMPUM
was kann denn das sein

RUMPUM RUMPUM
neben dem Brett
RUMPUM RUMPUM
auch unter dem Bett
RUMPUM RUMPUM
auch vor dem Haus
RUMPUMT es da
aus mir innen heraus?

Jürgen Spohn

Mitten in der Nacht

Keine Ahnung, wo ich bin.
Nichts als Dunkel um mich her!
Wie im Bauch von einem Fisch
meilentief im Schwarzen Meer.

Lebt noch jemand außer mir?
Oder bin ich ganz allein?
Diese Stille, dieses Dunkel!
Gleich beginne ich zu schrein.

Da entdeck ich in der Schwärze
einen schmalen Strich aus Licht!
Das ist meine Zimmertüre!
Also gut, ich schreie nicht!

Paul Maar

meilentief:
viele Meter tief

Angst geh weg!

Ich kenne einen tollen Spruch.
Den sag ich immer dann,
wenn ich mal richtig ängstlich bin.
Hör dir den Spruch mal an.

Grusel, Grusel,
Furcht und Schreck.
Angst verschwinde,
Angst geh weg.

KNISTER

Bildungsstandard:
Texte präsentieren/selbst gewählte Texte
zum Vorlesen vorbereiten und sinngestaltend vorlesen

1. Vermutungen einzelner Kinder zum
Textinhalt vortragen und gemeinsam
darüber nachdenken, Begriffserklärungen
nutzen und evtl. weitere Begriffe oder
Wendungen klären

► zu BB Computermaus und Lesekater

(2) Lies die drei Gedichte.
Welches der Gedichte möchtest du auswendig vortragen?
Kreuze an.

☐ Bei Nacht   ☐ Mitten in der Nacht   ☐ Angst geh weg!

(3) Begründe deine Entscheidung.
Ich möchte dieses Gedicht auswendig lernen und

vortragen, weil

.

(4) Lerne das Gedicht auswendig.
Wähle einen Tipp oder mehrere Tipps von Seite 40 aus.

(5) Trage das Gedicht einem Partnerkind vor.
Schätze deinen Gedichtvortrag ein.
Bitte auch dein Partnerkind um eine Einschätzung.

So schätze ich mein lautes Lesen ein:		So schätzt mich mein Partnerkind ein:	
Ich kann das Gedicht flüssig sprechen.	☆☆☆☆	Du kannst das Gedicht flüssig sprechen.	☆☆☆☆
Ich mache passende Pausen.	☆☆☆☆	Du machst passende Pausen.	☆☆☆☆
Ich betone passend zum Inhalt.	☆☆☆☆	Du betonst passend zum Inhalt.	☆☆☆☆

(6) Hast du auch schon mal Angst gehabt in der Nacht?
Erzähle einem Partnerkind.

1. Lies zuerst den ganzen Text.

2. Lies dann jeden Abschnitt ganz genau.

3. Worum geht es in dem Abschnitt?
   Was ist das Wichtigste?
   Male zu jedem Abschnitt ein Bild.

4. Schreibe zu jedem Bild einen Satz auf.

5. Stelle den Text mit Hilfe deines Filmstreifens vor.

Wie die Igelmutter mit ihren Kindern über die Landstraße kam

Einmal im Sommer wollte eine Igelmutter
mit ihren vier Igelkindern über eine
Landstraße laufen. Auf dieser Landstraße
fuhren viele Autos schnell hin und her.
5 Die Menschen in den Autos wollten
nach Hause zum Abendbrot, sie wollten
ganz schnell ins Kino, und sie wollten
einen Onkel besuchen.

In einem Auto, das auf der Landstraße fuhr,
10 saß Piet mit seinem Vater. Die beiden wollten
zum Bahnhof und Tante Katrin abholen.
Piet sah, dass die Igelmutter mit ihren
Kindern über die Landstraße wollte.
Er sagte es seinem Vater, und der konnte
15 gerade noch anhalten. Der Vater und Piet
stiegen aus dem Auto aus. Sie wollten
die Igel ganz genau sehen.

Eine Igelmutter wollte mit ihren vier Kindern über eine Landstraße laufen.

Piet und sein Vater _____

_____.

Bildungsstandard:
Texte erschließen/Texte mit eigenen
Worten wiedergeben

Schritte des Lesetrainings mit der gesamten Lerngruppe bzw. in kleineren Gruppen
einführen

► zu BB Die Welt um mich herum

Die Igelkinder liefen ganz langsam.
Und es kamen schon wieder ganz
20 schnelle Autos! Damit sie die Igel
nicht totfuhren, hielt der Vater sie an.
Er stellte sich auf die Landstraße und
machte beide Arme ganz breit. So wie
die Polizisten das machen, und das
25 heißt: Halt!

Manche Autofahrer schimpften zuerst,
aber als sie die Igel auf der Landstraße
sahen, da freuten sie sich.
Inzwischen hatten zehn Autos
30 angehalten. Piet lief zu ihnen hin und
sagte den Fahrern, dass die Igel erst
über die Landstraße müssten.

So kam es, dass an diesem Tag manche
Leute zu spät zum Abendbrot kamen,
35 zu spät ins Kino gingen und zu spät
bei dem Onkel waren. Piet und sein Vater
kamen zu spät zum Bahnhof. Tante Katrin
wartete schon. Aber das machte ja nichts.
Die Igelmutter war mit ihren vier Igelkindern
40 gut über die Landstraße gekommen.

nach Elisabeth Stiemert

① Lies den Text.
Male zum zweiten Abschnitt ein passendes Bild.
Ergänze den Satz.

② Male zu jedem folgenden Abschnitt ein Bild.
Schreibe zu jedem Bild einen Satz.

③ Erzähle den Text einem Partnerkind
mit Hilfe deines Filmstreifens.

▸ zu BB Die Welt um mich herum
1. und 2. Bilder zu einzelnen Textabschnitten malen, Sätze zu den Abschnitten ergänzen bzw. eigenständig formulieren; Methode des „roten Fadens" nutzen
3. Text mit eigenen Worten wiedergeben anhand der Bilder und Sätze auf dem Filmstreifen
47

① Wie heißen die Tiere?
Streiche durch, was nicht zum Namen gehört.

Stein̶b̶e̶i̶nadler

Regenwurmfinger

Blumenstockente

Bauschildkröte

Meerwasserschweinchen

Blattgoldhamster

② Übe einen der beiden Schnellsprechsprüche so lange,
bis du ihn ganz flüssig sprechen kannst.

Türkischer Schnellsprechspruch

Kartal kalkar dal sarkar,
dal sarkar kartal kalkar.

Deutsch:
Wenn der Adler wegfliegt, bewegt sich der Ast,
der Ast bewegt sich, wenn der Adler wegfliegt.

Spanischer Schnellsprechspruch

Tres tristes tigres
trigan trigo en un trigal.

Deutsch:
Drei traurige Tiger ernten Weizen
auf einem Weizenfeld.

Silvia Hüsler-Vogt

③ Lies den Witz gemeinsam mit Partnerkindern.
Ihr könnt den Witz auch spielen.

Felipe interessiert sich sehr für Tiere.
Er fragt seine Mutter:
„Woher weiß man, wo beim Regenwurm
vorne und hinten ist?"
Darauf antwortet die Mutter:
„Man kitzelt den Regenwurm einfach
in der Mitte. Dann guckt man, wo er lacht."

1. und 2. Übungen zur Segmentierung   3. Übung zum Überprüfen von Hypothesen   ▸ **zu** BB Die Welt um mich herum

④ Ergänze die Wörter.

Insekten   Spinnennetz   Wespennest

Honigbiene   Libellen

⑤ Setze die passenden Reimwörter in die Lücken.
Versuche dann, das Gedicht als Rap zu sprechen.

| rechnete | Haus | rief | schlief | Ecke | Zecke |

Begegnung

In einer Ecke   Da sprach die Schnecke

lag eine Schnecke   in ihrer _____:

und schlief.   Wie stets!

Um diese Ecke   Machs gut, du Schnecke

kam eine Zecke   sprach drauf die _____

und _____: und lief.

Na, alte Schnecke   In einer Ecke

in deiner Ecke: lag eine Schnecke

Wie gehts?   und _____.

Peter Maiwald

⑥ Löse das Hasenrätsel.

Eine Hasenfamilie hoppelt durch den Park.
Die elf Hasenbrüder hoppeln vorneweg,
die Hasenmutter kommt hinterher.
Jeder der Brüder hat eine Schwester.
Wie viele Kinder hat die Hasenmutter?

Notiere die Zahl. _____

① Lies die Überschrift und schau dir das Bild an.
Lies zuerst den Anfang, lies dann einige Sätze in
der Mitte und lies danach das Ende des Textes.
Denke nach: Worum könnte es in dem Text gehen?
Was weißt du schon darüber?

Vorgestellt:
Das Wildkaninchen

Das Rückenfell ist grau
bis graubraun gefärbt.
Am Bauch ist das Fell weiß.
Der Schwanz ist klein, wuschelig
5 und weiß gefärbt. Die aufgestellten
Ohren sind nicht so lang wie
die eines Hasen.

In der Nacht sind die Kaninchen
meistens unterwegs. Sie suchen Nahrung
10 wie Gräser, Kräuter und saftige Pflanzen.
Besonders gut schmeckt ihnen auch
das Gemüse, das die Menschen in
ihren Gärten anpflanzen.

Wildkaninchen leben in ganz
15 besonderen Wohnungen. Sie graben
Erdhöhlen in den Boden. So eine Erdhöhle
nennt man „Bau". Der Bau hat meistens
zwei Ausgänge. In der Mitte des Baus
befindet sich ein größerer Raum.
20 Hier finden die Wildkaninchen Schutz,
zum Beispiel wenn sie schlafen.

Das Fell des Kaninchens ist am Körper unterschiedlich gefärbt.

In der Nacht suchen die Kaninchen _____
_____.

Bildungsstandard:
Texte erschließen/Texte mit eigenen
Worten wiedergeben

1. Vermutungen einzelner Kinder zum
Textinhalt vortragen und gemeinsam
darüber nachdenken, Begriffserklärungen
nutzen und evtl. weitere Begriffe oder
Wendungen klären

▶ zu BB Die Welt um mich herum

In der Erdhöhle kommen auch die Jungen zur Welt. Bei einem Wurf bekommt das Kaninchenweibchen meistens
25 vier bis sechs Junge. Die Jungen sind bei der Geburt ganz nackt. Sie haben noch keine Zähne. Ihre Augen sind verschlossen und so sind die Kleinen bis ungefähr zu ihrem zehnten Lebenstag blind.

30 Wenn die jungen Wildkaninchen ungefähr 20 Tage alt sind, sehen sie schon wie richtige, aber eben noch kleine Kaninchen aus. Und sie sind schon ziemlich munter. Sie machen
35 kleine Ausflüge nach draußen. Das genießen sie, sie springen umher und spielen.

② Lies den Text.
Male zum zweiten Abschnitt ein passendes Bild. Ergänze den Satz.

• der Wurf:
mehrere von einem Muttertier gleichzeitig geborene Jungtiere

③ Schreibe einen Satz zum dritten Abschnitt.

④ Male zu den übrigen Abschnitten Bilder und schreibe einen Satz dazu.

⑤ Stelle den Text mit Hilfe deines Filmstreifens einem Partnerkind vor.

⑥ Wohnen Hasen auch in Erdhöhlen? Informiere dich.
Tausche dich mit deinem Partnerkind aus.

Märchen beginnen und enden gleich oder
ähnlich (*Es war einmal …*).
Figuren (*Prinzessin, Riese …*),
Orte (*Schloss, Wald, Hütte …*) und
wundersame Dinge (*Tiere sprechen,
Wünsche werden erfüllt …*)
spielen eine besondere Rolle.

Untersuche ein Märchen:

1. Lies den ersten und letzten Satz.

2. Suche die Figuren, Orte und
   wundersamen oder besonderen Dinge heraus.

Von der Großmutter, die in den Wald ging, um Beeren zu sammeln

Es war einmal eine Großmutter, die ganz
allein in einem kleinen Häuschen am
Rande eines Dorfes lebte.
An einem schönen, sonnigen Tag ging
5 sie in den Wald, um Beeren zu sammeln.
Sie pflückte und pflückte. Als sie einmal
aufschaute, erschrak sie fürchterlich,
denn sie sah einen schrecklichen Wolf
auf sich zukommen. Er knurrte sie mit
10 seiner rauen Stimme an: „Großmutter,
Großmutter, ich werde dich fressen!"
Die Großmutter zitterte vor Angst und
flehte den Wolf an: „Lass mich leben!
Ich habe drei Söhne zu Hause –
15 der erste heißt *Weich*, der zweite heißt
Hart, und der Name des dritten ist
Niemals.

Warte, bis es dunkel wird, dann kommst
du ins Dorf und kannst meine drei
20 Söhne fressen."
Der Wolf antwortete: „Gut, Großmutter,
ich fresse lieber drei Jungen als eine alte
Großmutter."
Daraufhin eilte die Großmutter nach
25 Hause. Der Wolf wartete, bis es dunkel
geworden war, und schlich dann zum
Häuschen der Großmutter. Er klopfte
heftig an die Tür und rief: „Großmutter,
ich bin es, der Wolf!" Doch die Groß-
30 mutter öffnete nicht.
Der Wolf klopfte abermals und sagte:
„Großmutter, gib mir *Weich*, deinen
ersten Sohn!" Aber die Großmutter rief
heraus: „Weich ist mein Bett, in das ich
35 mich hineinlege!"

52

Bildungsstandard:
Über Leseerfahrungen verfügen/lite-
rarische Texte kennen, verstehen und
unterscheiden

Schritte des Lesetrainings mit der gesamten Lerngruppe bzw. in kleineren Gruppen
einführen

► **zu** BB Bei uns und anderswo

Der Wolf klopfte wieder an die Tür und forderte: „Großmutter, gib mir *Hart*, deinen zweiten Sohn!" Jetzt rief die Großmutter: „Hart ist das Schloss
40 in meiner Tür, das fest verriegelt ist!" Der Wolf wurde wütend, klopfte ein drittes Mal und schrie: „Großmutter, dann gib mir *Niemals*, deinen dritten Sohn!" Die Großmutter antwortete:
45 „Ach, Wolf! Niemals geht die Großmutter mehr in den Wald, um Beeren zu sammeln." Daraufhin schlief die Großmutter beruhigt ein. Der Wolf aber musste hungrig in
50 den Wald zurückkehren.

Märchen aus Bosnien

flehte an, *anflehen*:	daraufhin:	eilte, *eilen*:
bitten	danach	schnell gehen, rennen

① Lies den ersten und den letzten Satz.
Was stimmt? Kreuze an.

☐ Märchen beginnen oft mit „Ein König und eine Königin …".
☐ Märchen beginnen oft mit „Es war einmal …".

☐ Im Märchen wird der böse Wolf besiegt/überlistet.
☐ Im Märchen wird der böse Wolf belohnt.

② Wo spielt das Märchen? Kreuze das richtige Bild an.

③ Die drei Söhne haben besondere Namen.
Unterstreiche die Namen.
Gibt es diese Söhne wirklich?
Schreibe deine Gedanken dazu auf.

▸ zu BB Bei uns und anderswo   1. und 2. Lösungen mit Hilfe von Textstellen belegen; ankreuzen; Gestaltungsmerkmale von Märchen erkennen   3. eigene Gedanken zum Textinhalt formulieren

53

① Setze die passenden Reimwörter in die Lücken.

Ich hätt' eine Frage

Wenn Frau Holle

an ihren Betten rüttelt

und ihre Daunen

durcheinander_____,

dann – so hört man doch seit je –

fällt bei uns auf Erden _____.

Dazu hätt' ich eine Frage!

Gar zu gern käm' ich dahinter:

Macht sie das denn nur im _____?

Schüttelt Frau Holle

im Jahreslauf

zur Sommerzeit nie ihre Betten _____?

Günther Leopold

Schnee

Winter

schüttelt

Sommer

auf

② In jedem Satz stimmt etwas nicht.
Markiere, was nicht stimmt. Nutze die Bilder.

Märchenquatsch

Im Märchen von Hänsel und Gretel schieben
die Kinder die Hexe in die Mikrowelle.

Im Märchen vom Froschkönig holt der Frosch
die goldene Kugel aus der Badewanne.

Im Märchen von Frau Holle putzt
die fleißige Goldmarie jeden Tag das Flugzeug.

Im Märchen von Schneewittchen versteckt sich
die Prinzessin bei den sieben Monstern.

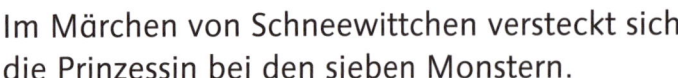

3 Suche drei ungleiche Zwillingspaare. Rahme ein.

Schneeweißchen und Rosenrot Schneewittchen und die sieben Zwerge
Schneeweißchen und Rasenrot Schneewittchen und die sieben Zwerge

Hänsel und Gretel
Hänsel und Gretel

Rotkäppchen und der Wolf Goldmarie und Pechmarie
Rothäppchen und der Wolf Geldmarie und Pechmarie

4 Lies die Wörtertreppen mehrmals, bis du
sie ganz schnell lesen kannst.

Märchen Märchen
Märchenwunsch Märchenschloss
Märchenwunschring Märchenschlosstür
Märchenwunschringtraum Märchenschlosstürschlüssel

5 Wie heißen diese Drehwörter richtig?

Wittchenschnee Stilzchenrumpel Röschendorn

Sch_____ R_____ D_____

6 Lies den Witz gemeinsam mit einem Partnerkind.
Ihr könnt den Witz auch spielen.

Vor der Burg liegt ein Ritter in seiner Rüstung unter
einem Baum. Er schläft fest und schnarcht laut.
Da kommt ein Drache vorbeispaziert.
Er schaut den Ritter an und sagt:
„Schon wieder Dosenfutter."

CHRRR...

① Lies die Überschrift und schau dir die Bilder an.
Lies zuerst den Anfang, lies dann einige Sätze in
der Mitte und lies danach das Ende des Textes.
Denke nach: Worum könnte es in dem Text gehen?
Was weißt du schon darüber?

Der Hirte und die Fee

Es war einmal ein Hirte. Der hütete auf einer Insel
seine Schafe. An einem Wiesenrand schlief er ein.
Als er wieder erwachte, sah er auf der Wiese viele
weiße Wäschestücke liegen. Er ging hin und sah,
5 dass sie schon getrocknet waren.
Da hob er die Wäschestücke sorgsam auf,
legte sie zusammen und trug sie in seine Hütte.

Als er wieder zu den Schafen zurückgekehrt war,
erschien da ein Mädchen und suchte die Wäsche.
10 Schnell lief der Hirte in seine Hütte und
brachte die Wäsche heraus. Freundlich gab er
sie dem Mädchen.

„Was verlangst du für den Dienst?", fragte
das Mädchen. Der Hirte lächelte, wusste aber
15 keinen Wunsch zu sagen. Da blickte das Mädchen
auf seine Herde und sagte: „Geh nach Hause und
sage zu deinen Schafen: Joina biala, joina ciarna!"
Dann verschwand das Mädchen. Es muss wohl
eine Fee gewesen sein.

Der Hirte folgte ihren Worten, ging heim und
sprach: „Joina biala, joina ciarna."
Da blökte es von allen Seiten: Bäh, bäh, bäh.
Und je öfter er die Worte der Fee wiederholte,
desto mehr Schafe versammelten sich um ihn.

„Joina biala, joina
ciarna!":
Zauberspruch zum
Rufen der Schafe

joina
biala

Bildungsstandard:
Über Leseerfahrungen verfügen/lite-
rarische Texte kennen, verstehen und
unterscheiden

1. Vermutungen einzelner Kinder zum
Textinhalt vortragen und gemeinsam darüber nachdenken

▸ zu BB Bei uns und anderswo

Er ging mit den Schafen auf einen Berg. Dort drehte er sich um und sah viele Schafe, weiße und schwarze. Die sprangen aus dem Meer und liefen ihm nach. Also wurde er ein reicher Hirte und lebte glücklich bis an sein Ende.

nach einem Märchen aus Italien

② Lies den ersten und den letzten Satz. Vergleiche mit dem Märchen von der Großmutter auf Seite 52/53. Was ist gleich? Kreuze an.

☐ Der Anfang des Märchens ist gleich.

☐ Das Ende des Märchens ist gleich.

③ Welche Figuren spielen in diesem Märchen mit? Unterstreiche im Text.

④ Wo spielt das Märchen? Kreuze an.

Das Märchen spielt

☐ auf einem Berg im dunklen Wald.

☐ auf einem Berg mit Schnee.

☐ auf einem Berg auf einer Insel.

⑤ In welchen Abschnitten des Märchens geschehen wundersame Dinge? Kreuze die Abschnitte an.

⑥ Im dritten Abschnitt darf sich der Hirte etwas wünschen. Was wünscht er sich? Schreibe es auf.

1. Lies zuerst den ganzen Text.

2. Lies dann die Aussage zum Text.

3. Suche im Text nach passenden Stellen.

4. Entscheide, ob die Aussage stimmt.

Erntedank in aller Welt

Der Erntedank gehört zu den wichtigsten Feiern im Jahreskreis und wird in vielen Ländern der Welt und in allen Religionen gefeiert.

Erntedankfest

Jedes Jahr im Herbst, nach der Ernte, bringen Kinder Obst und Gemüse in die Kirche. Damit schmücken sie
5 den Altar. Die Christen feiern dann mit einem Gottesdienst das Erntedankfest. Die Freude über eine erfolgreiche Ernte und der Dank an Gott stehen im Mittelpunkt des Festes.

Sukkot – das Laubhüttenfest

Auch in der jüdischen Religion gibt es ein Erntedankfest, das im September oder Oktober gefeiert wird. Es wird
10 Laubhüttenfest genannt und dauert sieben Tage lang. Die ganze Familie baut dann eine Sukka, eine kleine Hütte aus Holz und Ästen. Die Hütte wird mit Erntegaben geschmückt. Das Fest erinnert an die Flucht der Juden aus Ägypten und ihre Wanderung durch die Wüste vor vielen Tausend Jahren.

Mondfest

15 In China, Vietnam und Taiwan werden Mondfeste gefeiert, mit denen die Verstorbenen geehrt werden und Erntedank gefeiert wird. Diese Erntefeste finden nach dem Mondkalender am „15. Tag nach dem achten Monat" statt. Das ist nach unserem Kalender ungefähr im September. Zu diesen Festen
20 kommen alle Familienmitglieder zusammen, betrachten den Mond und essen Mondkuchen.

① Das ist eine Aussage zum Text:

[Das Erntedankfest der Juden wird siebzehn Tage lang gefeiert.]

Suche im Text die passende Stelle und markiere die Stelle. Kreuze an.

☐ Die Aussage zum Text stimmt.

☐ Die Aussage zum Text stimmt nicht.

② [In Vietnam essen die Familien zum Erntedank Mondkuchen.]

Stimmt das? Suche die Zeile.

In der Zeile _____ steht, dass die Familien

in Vietnam _____ essen.

③ Welche Aussage stimmt? Kreuze an.

☐ [Bei den Christen bringen die Kinder Obst und Gemüse in die Kirche.]   ☐ [Bei den Juden wird die Sukka mit bunten Tüchern geschmückt.]

④ [In allen Völkern und Religionen wird Erntedank gefeiert.]

Suche in jedem Text die Aussagen dazu heraus.
Ergänze jeweils die Zeile in der Tabelle.

Name des Festes	Zeitpunkt des Festes	Zeile im Text
	nach der Ernte im Herbst	Zeile _____
	am 15. Tag nach dem achten Monat	Zeile _____
	September/Oktober	Zeile _____

⑤ [Die Laubhütte wird mit Erntegaben geschmückt.]

Was könnten Erntegaben sein?

_____

① Setze die fehlenden Wörter passend ein.

Feste feiern

Willst du wissen, wann
man Feste feiern kann?

Wenn der _____ vorbei ist,

wenn es März oder Mai ist,

wenn das _____ gut schmeckt,

wenn man Käfer entdeckt,

wenn das Radio tobt,

wenn der _____ dich lobt,

wenn die Drachenschnur hält,

wenn die Schule entfällt,

auch am _____ von Katze und Hund

und aus jedem anderen Grund!

Georg Bydlinski

Geburtstag

Schnupfen

Wurstbrot

Lehrer

② Löse das Rätsel.

Es eilt und läuft, niemand siehts laufen,
man kanns nicht halten, kanns nicht kaufen,
macht weder Schritt' noch Sprünge
lehrt viel' verborgne Dinge.

Volksgut

das Jahr

③ Das Jahr hat zwölf Monate.
Wie viele Monatsnamen entdeckst du?
Kreuze an.

JANUARFEBRUARMAIAPRILJUNIAUGUSTSEPTEMBEROKTOBERDEZEMBER

☐ 10 Monate   ☐ 9 Monate   ☐ 8 Monate

1. Übung zum Aufbau und Überprüfen von Hypothesen
2. Übung zum Überprüfen von Hypothesen
3. Übung zum Segmentieren

▶ **zu** BB Durch das Jahr

④ Finde das Bild, das zum Text passt.
Male den Rahmen aus.

Es ist Weihnachten.
Der Weihnachtsmann hält mit seinem
Schlitten vor dem letzten Haus in der
Straße. Er hat noch zwei schwere Säcke
auf dem Schlitten.

Vor dem Haus steht ein riesiger
Tannenbaum. Rote und grüne
Kugeln hängen am Baum.
Im Haus wartet Familie Lehmann
sehnsüchtig auf die Geschenke.

⑤ Immer zwei Wörter reimen sich.
Verbinde die Reimwörter.

| Weihnachtsstern |
| Weihnachtskrippe |
| Weihnachtsbaum |
| Weihnachtslicht |
| Weihnachtsengel |

| Abendtraum |
| Lausebengel |
| Apfelkern |
| Schneemannschippe |
| Bösewicht |

⑥ Lies den Witz gemeinsam mit einem Partnerkind.
Ihr könnt den Witz auch spielen.

„Ach, Opa, die Trommel von dir war
wirklich mein schönstes Weihnachtsgeschenk."
„Tatsächlich?", freut sich der Opa.
„Ja, Mami gibt mir jeden Tag fünf Euro,
wenn ich nicht darauf spiele!"

① Lies die Überschriften und schau dir die Bilder an.
Lies zuerst den Anfang, lies dann einige Sätze in
der Mitte und lies danach das Ende des Textes.
Denke nach: Worum könnte es in dem Text gehen?
Was weißt du schon darüber?

Weihnachtsbräuche in Europa

Weihnachten wird in Europa unterschiedlich gefeiert. Wer bringt in den
Ländern die Geschenke und wann bekommen die Kinder die Geschenke?

Weihnachten in England

In England ist Weihnachten ein fröhliches Fest. Am Morgen
des 25. Dezember stecken die Geschenke in einem Strumpf.
5 Santa Claus hat sie gebracht. Später versammelt sich die
Familie zum Weihnachtsessen. Zum Nachtisch gibt es
meistens Christmas Pudding. Darin sind oft Münzen oder
Glücksbringer für die Kinder als Überraschung versteckt.

Weihnachten in Polen

In Polen sitzt am 24. Dezember die ganze Familie
10 zusammen. Auf dem Tisch stehen viele Speisen:
Rote-Beete-Suppe, getrocknetes Obst und Fisch.
Die Kinder hoffen, unter ihrem Teller ein Geldstück
zu finden. Nach dem Essen bringt Gwiazdor,
der Weihnachtsmann, die Geschenke.

Weihnachten in Italien

15 In Italien wird zu Weihnachten eine Krippe mit
handgeschnitzten Figuren aufgestellt. Am 24. Dezember
gibt es ein großes Festessen mit viel Fisch, Truthahn und
Gemüse, und als Nachtisch Panettone, einen Weihnachts-
kuchen. Die Geschenke bringt die Fee Befana aber erst
20 am 6. Januar, dem Dreikönigstag.

Bildungsstandard:
Texte erschließen / Aussagen mit Textstellen
belegen

1. Vermutungen einzelner Kinder zum
Textinhalt vortragen und gemeinsam darüber nachdenken

▸ zu BB Durch das Jahr

Weihnachten in Griechenland

Am 24. Dezember gehen die Kinder von Tür zur Tür und singen „Ta Kalanda". Das Lied handelt von der bevorstehenden Geburt Christi. Die Kinder bekommen zum Dank Obst, Süßigkeiten oder Geld. Der griechische Weihnachtsmann
25 heißt Vasilios. Er erscheint erst in der Nacht zu Neujahr. Dann legt er für jedes Kind ein Geschenk vor das Bett.

② [Im Christmas Pudding kann Spielzeug versteckt sein.]

Suche im Text die passende Stelle. Kreuze an.

☐ Die Aussage zum Text stimmt.

☐ Die Aussage zum Text stimmt nicht.

③ [In Polen essen die Familien am Weihnachtstag Fisch.]

Stimmt das? Suche die Zeile.

In der Zeile _____ steht, dass die Familien

in Polen _____ essen.

④ [Weihnachten wird in Europa unterschiedlich gefeiert.]

Suche in jedem Text die Aussagen dazu heraus.
Ergänze jeweils die Zeile in der Tabelle.

Land	Wann gibt es die Geschenke?	Wer bringt die Geschenke?
England	am Morgen des 25. Dezember (Zeile _____)	Santa Claus (Zeile _____)
Polen	24. Dezember (Zeile _____)	Gwiazdor (Zeile _____)
Italien	6. Januar (Zeile _____)	Fee Befana (Zeile _____)
Griechenland	am Neujahrsmorgen (Zeile _____)	Vasilios (Zeile _____)

▸ zu BB Durch das Jahr

2.–4. Lösungen mit Hilfe von Textstellen belegen; ankreuzen, Text bzw. Tabelle ergänzen

63

Textquellen

S. 4/5   **Lindgren, Astrid**: Pippi Langstrumpf. Deutsch von Cäcilie Heinig. Bilder von Katrin Engelking. Verlag Friedrich Oetinger, Hamburg 2007

S. 7   **Wittkamp, Frantz**: Kennst du den wunderbaren Geruch? Aus: H. J. Gelberg (Hrsg.): Wo kommen die Worte her? Neue Gedichte für Erwachsene und Kinder. Beltz Verlag, Weinheim und Basel 2011

S. 8/9   **Ledu, Stéphanie**: Mein erstes Lexikon der Kinder dieser Welt (Text leicht verändert). Deutsch von Barbara Egner. Esslinger Verlag J.F. Scheiber, Esslingen 2011

S. 10/11   **Baisch, Milena**: Die Heimlichtuer. Aus: Kleine Lesetiger-Geheimnisgeschichten. Loewe-Verlag, Bindlach 2003

S. 13   **Schwarz, Regina**: Wo man Geschenke verstecken kann. Aus: Hans-Joachim Gelberg (Hrsg.): Großer Ozean. Beltz & Gelberg, 2006

S. 20/21   **Boie, Kirsten**: Sommer im Möwenweg (Auszug, gekürzt). Verlag Friedrich Oetinger, Hamburg 2002

S. 22/23   **Nöstlinger, Christine**: Krankengeschichten vom Franz (Auszug, gekürzt). Verlag Friedrich Oetinger, Hamburg 2011

S. 24   **Steinwart, Anne**: Verflixt! Aus: Bücherwurm 3. 1997. Rechte bei der Autorin.

S. 26/27   **Westera, Marleen**: Schaf und Ziege. Kleine Geschichten einer großen Freundschaft (Auszug, gekürzt). Deutsch von Rolf Erdorf. Sauerländer Verlag, Düsseldorf 2006

S. 28/29   **Bolliger, Max**: Von einer Maus, die einen Löwen befreit. Aus: Mein erstes Vorlesebuch der schönsten Tierfabeln. Ravensburger Buchverlag Otto Maier, Ravensburg 1992

S. 30   **Jatzek, Gerald**: Als die Klapperschlangen immer schlapper klangen. Aus: Rabaukenreime. Residenz Verlag, St. Pölten 2011

S. 31   **Maar, Anne und Paul**: Versteckte Tiere. Aus: Mehr Affen als Giraffen. Verlag Friedrich Oetinger, Hamburg 2009

S. 31   **Maar, Paul**: Rätsel. Aus: Jaguar und Neinguar. Gedichte von Paul Maar. Verlag Friedrich Oetinger, Hamburg 2007

S. 32   **Uschinski, K. D.**: Die beiden Ziegen. Nacherzählung in: Meine Fibel, Verlag Volk und Wissen, 1959. Aus: Hermann, Johann von: Fabelschatz. Eine Sammlung von 208 der schönsten und besten Fabeln für die Jugend, gewählt und zusammengetragen von Joh[ann von]Hermann. Mit 8 colorierten Bildern. R. Lechner, Wien [1859]

S. 36   **Reding, Josef**: Faulenzen. Aus: Gutentagtexte. Engelbert Verlag. Gebr. Zimmermann GmbH 1974. Rechte beim Autor.

S. 38/39   **Boie, Kirsten**: Lena hat nur Fußball im Kopf (Auszug, gekürzt). Verlag Friedrich Oetinger, Hamburg 1997

S. 40   **Richter, Jutta**: Das Eisgespenst. Aus: Am Himmel hängt ein Lachen. Boje Verlag, Köln 2009

S. 40   **Bydlinski, Georg**: Wenn du ein Gespenst kennst … Aus: Wasserhahn und Wasserhenne. Dachs Verlag, Wien 2002

S. 43   **Gärtner, Hans**: Vorwärts – rückwärts. Aus: Leselöwen-Kinderrätsel. Loewe Verlag, Bindlach 1993

S. 44   **Spohn, Jürgen**: Bei Nacht. Aus: Drunter und drüber. Omnibus Verlag (C. Bertelsmann Verlag), München 1996 © Barbara Spohn

S. 44   **Maar, Paul**: Mitten in der Nacht. Aus: Jaguar und Neinguar. Gedichte von Paul Maar. Verlag Friedrich Oetinger, Hamburg 2007

S. 44   **KNISTER**: Angst geh weg! Aus: Rosemarie Portmann: Mut tut gut. Arena Verlag, Würzburg 1994

S. 46/47   **Stiemert, Elisabeth**: Wie die Igelmutter mit ihren Kindern über die Landstraße kam (Auszug gekürzt, leicht verändert). Aus: Lies mir doch was vor! Minuten-Geschichten zum Vorlesen, ausgewählt von Herbert Ossowski. Deutscher Taschenbuch Verlag, München 1986

S. 48   **Hüsler-Vogt, Silvia**: Türkischer Schnellsprechspruch, Spanischer Schnellsprechspruch. Aus: Tres tristes tigres …, Drei traurige Tiger … Lambertus Verlag, Freiburg 2007

S. 49   **Maiwald, Peter**: Begegnung. Aus: Die Mammutmaus sieht wie ein Mammut aus: Gedichte für Kinder. Carl Hanser Verlag, München und Wien 2006

S. 52/53   Von der Großmutter, die in den Wald ging, um Beeren zu sammeln. Märchen aus Bosnien. Aus: http://www.hekaya.de/txt.hx/von-der-grossmutter-die-in-den-wald-ging-um-beeren-zu-sammeln--maerchen--europa_636 (Stand Dezember 2012)

S. 54   **Leopold, Günther**: Ich hätt' eine Frage. Aus: Am warmen Ofen. Patmos Verlag, Düsseldorf 1989

S. 56/57   Der Hirte und die Fee. Nach einem Märchen aus Italien. Aus: Linde Knoch: Praxisbuch Märchen. Gütersloher Verlagshaus, Gütersloh 2001

S. 60   **Bydlinski, Georg**: Feste feiern. Aus: Heinz Brand (Hrsg.): Ach, du liebe Zeit! Lappan Verlag, Oldenburg 2007

Bildquellen

S. 4   Illustration von Katrin Engelking aus: Pippi Langstrumpf © Verlag Friedrich Oetinger, Hamburg 2007

S. 5   Illustration von Katrin Engelking aus: Pippi Langstrumpf © Verlag Friedrich Oetinger, Hamburg 2007

S. 14/1   © Carina Hansen / PantherMedia.com

S. 14/2   © Carina Hansen / PantherMedia.com

S. 15   © jmatzick / Shutterstock.com

S. 58/1   © Patrick Poendl / Fotolia.com

S. 58/2   © Rafael Ben-Ari / Fotolia

S. 58/3   © Redlink / Corbis

S. 62/1   © Szakaly / Ingram Publishing

S. 62/2   © teressa / Fotolia.com

S. 62/3   © Mi.Ti. / Shutterstock.com

S. 63   © picture alliance / STELIOS GIANSAKIDIS